KB035333

단숨에 적을 내 편으로 만드는

대화의
기술

단숨에 적을 내 편으로 만드는 대화의 기술

초판 1쇄 발행 2013년 7월 19일
초판 2쇄 발행 2013년 9월 2일

지은이 • 이택호
펴낸이 • 임종관
펴낸곳 • 미래북(제 302-2003-000326호)
주소 • 서울특별시 용산구 효창동 5-421호
전화 • 02-738-1227 | 팩스 • 02-738-1228
이메일 • miraebook@hotmail.com
ISBN • 978-89-92289-55-9(03320)

잘못된 책은 본사나 서점에서 바꾸어드립니다.
본사의 허락 없이 임의로 내용의 일부를 인용하거나 전재, 복사하는 행위를 금합니다.
저자와 협의하여 인지는 생략합니다.
책값은 뒤표지에 있습니다.

단숨에
적을
내 편으로
만드는

대화의 기술

지은이 / 이택호

COMMUNICATION SKILLS

원하는것을 많이
얻어내는 화술

MIRAE
BOOK

다치지도 않고 싸우지도 않으면서
원하는 것을 많이 얻는 대화의 기술

대화라는 소통 수단에는 기본적으로 크고 작은 목적이 숨어 있다. 그 종국의 목적을 한마디로 짚자면 '내가 원하는 걸 많이 얻는 것'이다.

고객을 상대로 한 세일즈맨의 대화 목적은 상품을 많이 파는 것이고, 상사와 동료 그리고 부하를 상대로 한 직장인의 대화 목적은 상대방과의 협업을 통해 맡은 일을 깔끔하게 완수하는 것이다. 다시 말하지만, 사람들은 원하는 걸 더 많이 얻기 위해 대화를 한다.

세상은 다양한 성격과 인품의 소유자로 한데 얽혀 있다. 그렇기에 살다 보면 예기치 못한 나쁜 상황이 반드시 발생한다. 이런 부정적인 상황은 대개 화를 내는 사람, 갈등을 조장하는 사람, 언쟁을 일으키는 사람, 부당하게 질책하는 상관, 음해를 일삼는 동료, 동문서답으로 불통하는 부하와 부대끼면서 벌어진다.

많은 사람이 이런 갖가지 상황에 노출되어 수없이 갈등하고 상처를 주고받는다. 이는 물론 인생살이에서 필연적인 것이긴 하다. 하지만 그렇다고 인생 팔자 그러려니 하며 그냥 감내하기엔 그 타격이 만만치 않다. 어차피 별별 사람들과 더불어 살아야만 하는 게 세상이라면, 대책을 강구해야 한다. 나쁜 상황에 잘 대처하는 기술을 익혀 갈등을 차단하고 협력을 이끌어내 모두와 좋은 관계를 유지해야 하는 것이다.

그래서 대화의 기술이 무엇보다 중요하다. 다양한 사람들과 함께하는 가운데 마음에 상처를 입거나 주지 않으면서 상대로부터 원하는 걸 얻어내려면 그에 걸맞은 대화의 기술이 필요한 것이다.

과연 갈등을 유발하는 상대의 공격에 현명하게 대처하며 원하는 것 이상의 것을 얻으려면 어떻게 해야 할까? 다시 말해, 다치지 않고 싸우지 않으면서 내가 원하는 것을 많이 얻으려면 어떤 대화의 기술을 구사해야 할까?

나는 이런 고민을 거듭한 끝에 사안별 해결법과 이를 가능케 하는 대화 기술을 실생활을 통해 발견하고 정리했다. 모쪼록 이 실전적인 대화 기술이 날마다 성공을 향해 나아가는 독자들에게 작으나마 도움이 되기를 간절히 바란다.

2013년 7월

이택호

C
O
N
T
E
N
T
S

Prologue

다치지도 않고 싸우지도 않으면서
원하는 것을 많이 얻는 대화의 기술 / 4

Communication Point 1.

멋지게 이기는 대화의 기술

Communication Point 6.

CEO들의 남다른 대화의 기술

Appendix

세계 유명인사 5인의 스피치 비결

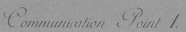

멋지게 이기는 대화의 기술

일대일 혹은 여럿이 토론하는 자리에서 이기지 못하면 아무것도 얻을 수 없다.
대화 상대를 멋지게 이긴다는 것은 상대방을 굴복시키는 게 아니라 상대방이
상처받지 않고도 당신의 말을 수용하여 당신이 원하는 걸 들어주는 것이다.

Scene 1.
상대의 감정에
휘둘리지 말라

회사 등 조직생활을 하다 보면 잘못을 하지 않았는데도 상관에게 부당한 소리를 듣는 경우가 있다. 그럴 때 대개 드러내는 반응은 두 가지다. 상관이니까 어쩔 수 없이 자신의 잘못으로 돌리거나 아니면 상관에게 대드는 것이다.

전자의 경우, 당장 상관의 화풀이는 면했으나 자존심에 깊은 상처가 남을 것이다. 그런 탓에 후자의 경우처럼 공격적으로 맞대응하는 것이다. 그러나 이렇게 맞대응하면 상황은 더 악화되게 마련이다. 누구의 잘잘못을 떠나 상사의 권위와 자존심에 타격을 가했으므로 그 상사는 그 순간에는 가만히 있을지라도 훗날 어떤 형태로든 반드시 보복을 할 것이기 때문이다.

이럴 때 할 수 있는 가장 현명한 대응 방법은 무엇일까? 상사에게 부당한 소리를 들었을 때, 어떻게 당신 자신과 상사의 자존심에 상처를 입히지 않고 해결할 수 있을까?

우선 상대의 감정에 휘둘리지 말아야 한다. 감정에 휘둘리지 않는다는 것은 상대의 분노로 촉발된 격한 분위기에 휩쓸리지 않는다는 것을 의미한다. 그렇게 해야 또한 자신의 감정에 노예가 되지 않고 절제 속에서 냉철한 상황 판단 및 올바른 대처가 가능해진다.

✖ 가치관과 시각을 갖추어라

타인에게 휘둘리지 않으려면 당신 나름대로 가치관과 시각을 갖추고 어떤 일에 대한 옳고 그름을 판단할 수 있어야 한다.

또한 다른 사람들에게도 그 나름대로의 시각과 가치관이 있다는 것을 인정해야 한다. 다른 사람이 어떻게 보고, 어떻게 생각하고, 어떻게 판단하든 당신은 상관할 필요가 없다는 것은 아니다. 다만, 이 세상에 많은 사람이 존재하는 만큼 각자 나름대로의 판단 기준이 있다는 것을 인정하고, 다양한 시각과 생각이 있게 마련이므로 누구도 같은 생각이나 가치관을 강요할 수 없다는 의미로 받아들이면 된다.

상대를 멋지게 이기려면 감정에 휘둘리지 말아야 한다고 했다. 그런데 무턱대고 무조건 상대의 감정에 휘말리지 말아야 한다고 생각해서는 안 된다. 치솟는 감정을 억누르기 위해서는 상대의 입장에서 생각하는 역지사지(易地思之)의 정신이 필요하다. '내가 저 입장이라면 어떻게 했을까? 아마도 나는 더했으면 더했지 덜하지는 않았을 것'이라고 생각해보는 것이다.

그리고 상대가 무엇 때문에 그러는지, 분명 이유가 있을 것이라고 생각해본다. 그래도 상대가 이해되지 않으면 시간을 갖고 앞뒤 맥락을 찬찬히 짚어본다. 그러면 최소한 상대의 행동에 대해서 그럴 수도 있겠다는 이해의 마음이 생긴다.

한번 가정해보자. 당신은 어제 기획실에서 긴급하게 처리해야 할 일을 넘겨받았다. 사안의 시급성 때문에 당신은 지금 정신없이 일 처리를 하고 있는 중이다. 그럼에도 팀장이 당신에게 달려들어 큰 소리로 친다.

"뭐하는 거야? 아직도 일 안 끝났어?"

이때 당신은 두 가지 방법 중 하나를 택할 것이다. "죄송합니다. 갑작스럽게 넘어온 일이라서……"라고 대답하거나 아니면 "일을 언제 기획실에서 넘겨받았는지 알고 그렇게 화를 내는 겁니까?" 하며 팀장에게 대드는 것이다.

앞서 언급했듯, 전자를 택했을 경우 부당한 질책임에도 불구하고 잘못을 당신의 책임으로 돌림으로써 더 험악해지는 상황은 피할 수 있다. 그러나 자존심이 상한 당신은 불쾌한 기분을 떨치지 못할 것이다.

반면, 상대의 감정에 휘둘려 팀장에게 대들면 그 순간만큼은 후련한 기분을 가질 수 있을 것이다. 그러나 머지않은 그 어느 순간 있을 팀장의 보복을 각오해야 한다. 이것은 어쩔 수 없는 직장생활의 생리다.

그렇다면 과연 어떻게 해야 할까? 팀장을 멋지게 이기기 위해서는 일단 당신의 감정을 억누르고 그가 왜 그토록 화를 냈는지 생각해보는 것이다. 어쩌면 부장이나 그 일의 총지휘자인 이사에게 야단을 맞았는지도 모른다. 일을 늦게 넘긴 기획실의 잘못이긴 하지만 팀장으로서 기획실에 화풀이를 할 순 없는 노릇이니 부하에게 넌두리 삼아 화를 낸 것인지도 모른다. 이렇게 생각하면 조금이나마 팀장의 행동을 이해할 수도 있을 것이다.

그렇게 이해가 되면, 당신은 차분히 "갑작스레 기획실에서 넘어오긴 했지만 긴박한 사안인 걸 알기에 최선을 다하고 있습니다. 속히 끝내겠습니다"라고 말하면 된다. 그러면 팀장은 화를 낸 자신이 부끄러워서 슬그머니 등을 돌릴 것이다. 그럼으로써 당신은 멋지게 이기는 결과를 얻을 것이다.

Scene 2.
모욕을 당했다면
무시하는 편이 좋다

한번 상상해보자. 토요일 오후, 당신은 즐거운 마음으로 백화점을 간다. 당신은 백화점 정문에 들어서자마자 마침 지나가는 직원을 붙잡고 묻는다.

"셔츠를 사려고 하는데 어디서 팔지요?"

단기 아르바이트생으로 보이는 직원이 당신을 힐끗 쳐다보더니 퉁명스럽게 말한다.

"그거야 당연히 옷 매장에서 팔지 어디서 팔겠어요?"

당신은 속이 무척 상한다. 뭐라고 대꾸하고 싶지만 마땅한 말이 떠오르지 않는다.

옷 매장에서 셔츠를 고르고 있는 당신은 영 마음이 좋지 않다. "어째서 직원 말투가 그 모양이냐?"고 되받아치지 못한 게 원통하다. 불쾌한 생각이 속을 자꾸만 갉아먹는다.

✱ 불시에 일격을 당하다

누구나 살면서 위의 예처럼 뜬금없이 불시에 일격을 당하여 속상했던 적이 한두 번 있을 것이다. 지나고 나서 왜 그때 아무 말도 못하고 당했는지, 왜 그 순간 아무 말도 떠오르지 않았는지 한없이 약해빠진 자기 자신을 탓하며 분기탱천 이를 갈았을 것이다.

상황을 일거에 뒤집을 만한 말 한마디, 내 자존심을 지켜줄 말 한마디가 왜 떠오르지 않았을까? 그런데 신기하게도 시간이 조금 흐른 뒤엔 여지없이 생각난다. 그러나 때는 이미 늦었다.

✱ 일격을 당한 상황이 벌어진 이유

그럼 왜 이런 분한 상황이 벌어진 것일까? 그 원인을 다음의 몇 가지로 살펴볼 수 있다.

첫째, 예상하지 못한 상황에서 기습을 당했다.

둘째, 지금 대응하지 못하면 자기 모습이 초라해질 것이라는 생각에 마음이 조급했다.

셋째, 눈 깜짝할 사이에 대응해야 했기 때문에 생각할 시간이 없었다.

넷째, 잠깐 사이에 자존심이 상했다. 순간적으로 상대가 자신보다 강해 보였기 때문이다.

대략의 원인은 이렇다. 그러면 멋지게 이기기 위해선 어떻게 해야 할까?

이런 경우 불친절한 그 직원에 대해서 적극적으로 책임을 묻기로 했다면 다음 4단계를 통해 그 직원의 태도를 고친다.

1단계 : 직원의 불친절한 행동에 화를 내지 않는다. 화를 내봤자 친
       절하기보다는 당신을 불평불만만 하는 고객으로 볼 것이
       니까.

2단계 : 불친절한 그 직원의 이름을 묻는다. 물론 오늘날 대부분의
       직원들은 명찰을 달고 있다. 이름을 물음으로써 직원은 자
       신의 불친절한 행동을 의식하게 될 것이다.

3단계 : "나는 이 백화점을 오랫동안 이용한 고객입니다"라고 말한
       다. 그렇게 말함으로써 '고객은 왕'이라는 서비스 정신을
       일깨워준다.

4단계 : 그렇게 해도 효과가 없을 때는 고객서비스 관련 책임자를
       찾아가서 그 직원의 불친절한 행동을 육하원칙에 입각하
       여 구체적으로 밝히고 항의한다.

그러나 어떤 이들은 위와 같은 행동을 하기보다는 무시하는 쪽을
선택한다. 무시하는 행동 심리에는 그렇게 지적하는 일이 귀찮고,
불친절한 행동을 대수롭지 않게 생각하기 때문이다. 오히려 직원들
이 얼마나 바쁘면 그렇게 했을까 하는 이해와 동정으로 넘어가는
사람도 있다.

물론 이런 이해와 동정은 권장할 만한 태도다. 누군가에게 상처
를 받았을 때 그 사람에게도 똑같이 상처를 주는 일은 올바른 해결
책이 아니기 때문이다.

위의 두 가지 방법 중에서 어느 것이 진정한 승자의 태도인지는 판단하기 나름이다. 나를 불쾌하게 만든 사람을 이해하고 동정하는 일이 더 바람직하긴 하다. 그러나 사실 그렇게 하는 것이 쉬운 일은 아니다.

Scene 3.
교묘하게
컨트롤하려고 할 때

    우리는 사소한 생필품을 사는 일부터 자동차, 집을 사고파는 일까지 많은 협상을 한다.

    협상에서 가장 좋은 방법은 상대와 내가 함께 이기는 윈윈전략으로 접근하는 것이다. 그런데 윈윈전략을 구사하는 게 쉽지만은 않다. 그래서 때로는 손해를 보기도 하고, 아예 포기하기도 한다. 그런데 상대가 잔머리를 굴려 당신을 교묘하게 조종하고, 결국 넘어가버렸다면 당신은 피해를 보는 것은 물론 패자가 되었다는 기분에 사로잡힐 것이다. 따라서 조종을 당하지 않고 멋지게 이기기 위해서는 먼저 상황을 파악하고 상대의 수를 미리 읽을 줄 알아야 한다.

    나는 얼마 전 10년 넘게 끌고 다녔던 자동차를 바꾸기 위해 아내와 함께 모 자동차 판매소를 찾아갔다.

마침 그곳에는 사고자 했던 자동차 모델이 있었기에 나는 바로 계약서를 작성하려고 했다. 계약서를 가지고 온 직원과 몇 마디 대화를 나누고는 내가 사인을 하려는 순간이었다.

"잠깐만요. 이 가격을 제가 제시한 것이긴 한데, 실제로 가능한지 팀장께 물어보고 오겠습니다."

그는 계약서를 들고 팀장이 있는 2층 사무실로 올라가는가 싶더니 이내 다시 돌아왔다.

"이 가격은 좀 곤란하다고 합니다. 조금만 더 쓰시지요. 이 차가 요즘 인기 차종이라서 찾는 구매자가 많습니다."

그 순간 나는 그 직원이 자동차 가격을 올리려고 잔머리를 굴리는 것임을, 그래서 나를 조종하려는 것임을 알아차렸다. 나는 이렇게 말했다.

"이 차의 가격 말이에요. 최고가와 최저가 중 선택 제시하는 게 당신의 일인 줄 아는데, 만일 아까 제시한 가격으로 계약하지 않으면 다른 영업소로 가겠습니다."

그러자 영업소 직원은 할 수 없다는 듯이 "팀장에게 야단 한번 맞지요, 뭐" 하고는 원래 제시한 가격으로 계약서를 내밀었다. 나는 그 직원의 수를 간파했고, 수를 읽힌 그로서는 어쩔 수 없었던 것이다.

✠ 인내와 지혜가 필요할 때가 있다

조직생활을 하다 보면, 어떤 결정을 속히 내리라는 상사의 압박 때문에 상대가 제시한 무리한 조건의 일을 받아들이는 경우가 종종 있다. 그럴 때는 어떻게 해야 할까?

중소기업에 다니는 현명한 씨는 어느 날 상무로부터 기획안을 작성하라는 지시를 받았다. 그런데 곧 부장으로부터 다른 일을 빨리하라는 명령을 받았다. 일단 그는 먼저 지시받은 기획안부터 짜고 있는데, 갑자기 나타난 부장이 왜 시킨 일을 하지 않느냐며 "빨리하라"고 윽박질렀다.

현명한 씨는 참으로 난처했다. 사실, 이런 일은 오늘만 있는 게 아니라 자주 일어났다. 그는 어떻게 해야 할지 몰라 고민만 했다. 마음 같아선 당장 사표를 내고 싶었으나 자기만 바라보고 사는 가족이 눈앞에 선명하게 떠올랐다. 이러지도 저러지도 못하는 상황에서 그는 그저 벙어리 냉가슴 앓듯이 누구에게도 말 못한 채 스트레스만 받았다.

직장인이라면 누구나 한두 번쯤 겪었을 법한 상황이다. 이런 상황에 처했을 때는 과연 어떻게 해야 할까?

우선 한 발 물러서서 상황을 살펴보는 게 좋다. 분명 이 상황은 사면초가에 놓인 꼴이다. 현명한 씨는 바로 이런 상황을 직접적으로 말해야 한다. 속으로 끙끙 앓을 게 아니라 단도직입적으로 말해야 한다. 물론 공손하게 말해야 함은 기본이다.

결국 현명한 씨는 부장에게 이렇게 말했다.

"부장님, 어떻게 해야 할지 모르겠습니다. 상무님은 기획안 작성이 더 급하다고 하고 부장님은 이 일이 더 급하다고 하는데, 부장님이 어느 게 더 급한지 상무님께 말씀드려서 알려주십시오. 그러면 그것부터 처리하겠습니다.”

부장은 그의 말대로 상무와 만나 대화를 나눈 후 그에게 “상무님이 지시한 것부터 하라”고 말했다. 현명한 씨가 멋지게 이긴 것이다.

현명한 씨는 인내로 감정을 억제하고 지혜를 발휘하여 멋지게 극복할 수 있었다.

Scene 4.
갑의 횡포에 대응하는 방법

얼마 전에 터진 남양유업 사태를 보며 많은 이가 갑의 횡포에 놀랐을 것이다. 사실, 갑의 횡포, 즉 힘 있는 자의 횡포는 비단 어제오늘의 문제가 아니다. 인류 역사는 힘 있는 자의 횡포와 그 횡포에 대한 저항의 역사라고 해도 과언이 아니다.

힘 있는 자의 횡포에 대한 힘없는 자의 대응 방법은 크게 두 가지다.

첫 번째 방법은 그 힘에 대하여 더 힘센 존재를 동원하는 것이다. 그 좋은 예가 남양유업 사태다. 힘 있는 본사의 횡포에 약자인 지점장들은 본사보다 더 힘이 센 언론과 권력에 호소했다. 여기서 우리가 주목해야 할 점은 힘 있는 갑에 대하여 힘없는 을이 힘으로 맞서지 않고 더 큰 힘을 이용했다는 사실이다. 힘없는 자가 힘 있는 자에게 맞서는 것은 계란으로 바위 치기로, 거의 승산이 없다. 그렇기 때문에 그들은 갑보다 더 큰 힘을 동원하여 대항했다.

두 번째 방법은 그저 재치 있게 대응하는 것이다.

이를테면 물건을 구입한 고객이 도저히 환불이 되지 않는데도 불구하고 막무가내로 환불을 요구한다. 그러면 그때 재치 있게 "지금 저에게 회사 규정을 어겨 여기서 일하지 말라고 하는 건 아니지요?" 하고 되묻는 식이다.

한 경찰관이 교통법규를 어긴 고위 공무원의 자동차를 세웠다. 차에서 내린 고위 공무원은 경찰관을 으슥한 곳으로 데려가 돈을 주려고 했다. 그러자 경찰관은 이렇게 물었다.

"설마 나보고 뇌물을 받으라는 건 아니지요?"

재치 있게 대응한 좋은 사례다.

✼ 힘 있는 자가 부당하게 화를 냈을 때

조직생활을 하다 보면 종종 엉뚱하게 화풀이 신세가 되기도 한다. 아무 잘못도 없는데, 동대문에 뺨 맞은 상관이 나를 한강 삼아 화풀이를 한다면? 이런 황당한 상황이 들이닥쳤을 때 과연 어떻게 해야 할까?

한번 가정해보자. 당신이 열심히 일하고 있는데 사장이 다가오더니 버럭 화를 낸다고 쳐보자.

"아직 못 끝냈어? 뭐하고 있는 거야?"

이럴 때는 어떻게 대처해야 할까? 일단 평상심을 잃지 말고 차분히 이렇게 대응해야 한다.

"사장님, 왜 그러세요? 그렇게 화난 모습은 처음입니다. 지난 번 계약에 무슨 문제라도 생겼습니까?"

G.W.카티스는 자신의 저서 『분노와 나』에서 '분노는 어느 정도 힘을 가진 사람만이 즐길 수 있는 값비싼 사치다'라고 말했다. 또 호라티우스는 "분노는 짧은 광증이다"라고 말했다.

사실, 분노한 사람에게 분노한 사실을 일깨워주면 엉뚱한 상대를 향한 분노는 가라앉힐 수 있다.

물론 화를 내는 사람 중에는 자신이 엉뚱한 사람에게 화풀이를 한다는 것을 아는 사람도 있다. 화풀이를 한 다음 나중에 "당신에게 화풀이를 해서 미안하다"고 말하는 사람도 있다.

어쨌거나 을의 위치에서 무작정 힘으로 맞서서는 안 된다.

여기 재치 있게 대응한 사례가 있다.

김 과장은 사무실 복도에서 우연히 부장을 만났다. 부장은 회사 내에서도 말이 많기로 유명한 인물이다. 그래서 회사 직원들은 은근히 그를 피하고 있었다. 그날 우연히 만난 부장은 여지없이 말 많은 본성을 드러냈다.

"미스터 김! 말 안 하려다가 하는데, 자네는 왜 항상 그 촌스러운 넥타이만 매고 다니는가? 영업사원이면 영업사원답게 복장을 갖추고 다녀야 하는 거 아닌가?"

김 과장은 기다렸다는 듯이 한마디로 응수했다.

"부장님이 제 롤모델이거든요!"

✠ 재치가 넘친다

이런 순발력 있는 재치는 천성적으로 타고난 것이긴 하다. 그러나 지레 실망할 필요는 없다. 상황에 따라 사용할 수 있는 재치 몇 가지를 기억해두었다가 적절히 적용하면 되니까 말이다.

아래 제시한 문장들을 잘 준비해두면 신속하게 대응할 수 있다. 그렇지 못할 경우 할 말을 찾지 못해 무슨 말로 대꾸할까 망설이다가 때를 놓쳐 자존심만 구기고 만다.

순발력 있게 응수할 수 있는 문장들을 잘 준비해두었다가 상황에 따라 적절하게 사용하면 되는데, 문제는 어디서 이런 문장들을 수집하느냐 하는 것이다.

수집 방법은 여러 가지가 있을 수 있다. 평소 주위 사람들의 대화를 귀담아들었다가 사무실 혹은 집에서 메모해놓는 방법도 있고, 소설이나 영화 혹은 텔레비전을 통해 수집할 수도 있으며, 관련 서적을 통해 수집할 수도 있다.

당신이 사용할 만한 재치 문장은 무궁무진하다. 그리고 당신이 마음만 먹는다면 메모해놓은 것을 응용하여 메모장에 추가할 수도 있을 것이다.

아래에 몇 가지 사용할 수 있는 문장을 소개하고자 한다.

- 계속 말씀하실 거예요? 생각을 좀 더 하시는 게 좋을 것 같은데요?
- 그게 전부예요?
- 말씀 다 하신 거예요?

- 그것 말고도 더 있을 것 같은데요?
- 텔레비전 개그 프로그램에 한번 나가보시죠?

이때 중요한 것은 이런 문장들이 당신이 처한 상황과 맞아야 하며, 당신의 평소 성격과 일치되어야 한다는 점이다.

평소 소극적이고 얌전한 이미지의 당신이 어느 날 갑자기 뻔뻔스럽기 짝이 없는 말을 한다면 효과도 없을뿐더러 주변에서 당신을 이상하게 볼 것이다.

사실, 아무리 좋은 문장이라도 자신의 성격과 맞지 않은 문장은 잘 외워지지 않는 법이다. 따라서 당신의 성격과 특성을 고려하여 자신에게 맞는 문장을 골라보는 게 바람직하다.

Scene 5.
침묵이
때로는 이기는 좋은 방법이다

　부당하게 대우를 받았거나 상관없는 일로 화풀이를 당했을 때 입을 다물기란 쉽지 않다. 그러나 화를 참지 못해 말을 함부로 했다가 나중에 돌이킬 수 없을 만큼 후회스러운 사태가 벌어질 경우는 수도 없이 많다. 그래서 미국의 루스벨트 대통령은 "나중에 되삼키려고 하지 말고, 그 순간 꿀꺽 말을 삼켜버려라"라고 말했다.

　부당하게 취급받거나 화풀이를 당했을 때, 감정은 극도로 흥분되기 쉽다. 이때는 거의가 이성을 잃고 말을 내뱉게 마련이다.

　당신이 다니던 직장에서 큰 잘못이 없음에도 불구하고 상사와의 갈등으로 인해 사표를 던지고 새로 직장을 구하게 되었다고 치자. 당신 입장에서 볼 때 참으로 안타까운 일이며 그 상사는 원수처럼 느껴질 것이다. 그런데 새로운 직장에서 면접을 볼 때, 면접관이 그전의 직장에 대한 이야기를 꺼냈다. 바로 사표를 쓰게 만든, 그 원

수 같은 상사에 대한 질문이다. 이때 당신은 그 상사의 이름만 들어도 피가 거꾸로 솟을 것이다. 당연히 그 상사에 대한 좋은 말은 쉽게 나오지 않을 것이다.

이때 당신의 악감정대로 상사에 대한 험담을 퍼붓는다면, 그 상사가 어떤 인품의 소유자이든 간에 면접관은 당신에게 좋지 않은 인상을 가질 것이다. 면접관은 당신을 경솔한 사람으로 평가할 것이고, 언젠가는 자기에게도 같은 태도를 취할 것이라고 판단할 것이다.

따라서 이런 경우에 가장 좋은 방법은 침묵하는 것이다. 하고 싶은 말을 참는 용기는 참으로 진정한 용기다.

전 직장의 상사에 대해서 하고 싶은 말은 삼켜버려라. 그 상사가 아무리 쓰레기보다 못한 인간일지라도 그를 쓰레기라고 부르는 사람은 어느 직장에서도 신뢰받지 못한다. 꼭 해야 한다면 긍정적인 쪽으로 말하라. 가장 많이 사용하는 말은 이런 것이다.

"그분에게서 많은 것을 배웠습니다."

✖ 침묵과 동시에 반문한다

상대가 부당한 고집을 부려 난처한 상황에 처했을 때 필요한 것은 일단 침묵이다. 여기에 하나 더 필요한 것은 반문으로, '침묵 플러스 반문'으로 대응할 때 좀 더 효과적인 결과를 가져올 수 있다.

당신이 자동차를 몰고 가는데, 차가 고장 났다. 그래서 자동차를 끌고 자동차 정비소로 갔다. 마침 정비소는 하루 일과를 모두 끝내고 문을 닫는 참이었다.

"손님, 무슨 일입니까?"

"예, 정비 좀 받으려고 부랴부랴 왔는데요."

"아, 저희 업무가 끝났는데요. 이미 정비 기계들을 다 내려서 오늘은 불가능합니다."

이럴 경우, 잠시 침묵을 유지하라. 그런 다음 이렇게 물어보라.

"그럼 나는 어떻게 하면 좋을까요?"

때로는 천 마디의 말보다 잠깐의 침묵이 더 좋을 때가 있다. 앞의 예에서 당신의 사정을 아무리 늘어놓고 설득한다고 한들, 상대의 거부 의지만 더욱 강화될지도 모른다. 강한 주장은 때로는 역효과가 나는 법이다.

❋ 침묵이 가장 효과적일 때

우리는 살면서 좋은 말보다 싫은 말을 더 많이 하는 경향이 있다. 그런데 여러 가지 문제나 가족의 우환 등으로 상대가 실망하고 있을 때 위로보다는 침묵이 효과가 좋을 때가 있다. 상갓집을 찾아가서 상주를 붙잡고 쓸데없는 말을 주절거리기보다는 침묵으로 상주의 어깨를 두드려주는 게 더 위안이 될 수 있는 것이다.

말 잘하는 달변가가 때로는 의심을 받는다. 화려한 언변일지라도 말이 많으면 실속 없는 사람으로 보일 수 있기 때문이다. 진정한 달변가는 침묵을 잘 활용할 줄 안다.

침묵을 통해 상대를 위로할 줄 아는 법을 배울 필요가 있다. 따뜻한 눈빛과 잔잔한 미소가 녹아 있는 침묵은 지친 상대를 위로하는 커다란 힘이 된다.

✖ 상대의 침묵에 대응하는 법

이번에는 상대가 긴 침묵으로 나올 경우를 생각해보자.

운동선수를 비롯해서 직장인들은 매년 회사와 연봉 협상을 한다. 이때 상대의 긴 침묵에도 흔들리지 않는 것이 중요하다.

당신이 야구선수라고 가정해보자. 당신은 연봉 협상을 위해서 운영팀장과 마주 앉았다. 당신은 작년 성적과 함께 당신이 그 팀에서 이룬 과업 등을 적은 메모지를 보면서 연봉의 액수를 정했다.

마주 앉자마자 당신은 "3억 원 정도가 어떨까 합니다"라고 말했다. 그러자 운영팀장은 아무 말도 하지 않고 당신을 쳐다보기만 한다.

이런 경우, "3억 원 정도가 어떨까 합니다"라는 당신의 말을 상대는 3억 원에서부터 협상하겠다는 것으로 이해한 것이다. 그리고 아무 말 없이 당신을 쳐다본다는 것은 어이없다는 표현일 수도 있다.

이때 당신은 상대의 긴 침묵에 흔들려서는 안 된다. 만약 당신이 "아, 그러면 2억 5천 정도도 괜찮습니다. 무조건 이 팀에서 뛰게 해주십시오"라고 말하면 당신은 패배자가 된다.

협상을 시작하면서 당신이 확고한 자세로 "3억 원입니다"라고 말했는데도 운영팀장이 아무 말이 없다면 당신도 입을 다무는 게 좋다. 입을 다물면 운영팀장은 당신의 진의를 재차 파악하고 결국 당신이 제시한 금액으로 도장을 찍을 것이다.

　무작정 입을 여는 게 능사는 아니다. 잘못 입을 열어 일을 그르치게 하는 것보다 침묵으로 문제를 사전에 차단하는 게 더 낫다. 그게 더 좋은 결과를 불러온다. 즉, 때로는 침묵을 지키는 것이 멋지게 상대를 이기는 기술이다.

Scene 6.
부정하는 말은
하지 말라

사장이 일하고 있는 당신을 보고 다짜고짜 화를 낸다.

"아직도 못 끝냈어? 왜 그렇게 동작이 느려?"

이런 상황은 직장에서 자주 보는 모습이다. 이런 경우 대개 대응하는 말은 "저는, 동작은 느리지 않은데요?"이다.

조직에서 누군가 당신을 공격해오면 순간적으로 무슨 말을 해야 할지 모를 때 앞의 예에서 보듯 공격한 말에 대해 부정하는 말을 사용한다.

그러나 이런 부정의 말은 절대로 사용해서는 안 된다. 왜냐하면 부정이 곧 긍정이 되고, 상대의 말을 확인하는 꼴이 되기 때문이다.

"당신은 너무 감정적이다"라고 말할 때 당신이 "나는 감정적이지 않다"라고 부정하면 상대의 말이 곧 사실로 증명된다.

부정하는 말을 해서는 안 되는 또 하나의 이유는 우리의 두뇌는 말하는 내용을 그대로 받아들일 뿐 그 반대의 현상은 절대로 그려내지 못하기 때문이다. 따라서 훌륭한 코치들은 "실수하지 말라", "무엇무엇은 해서는 안 된다"는 등의 부정적인 말을 삼간다.

위의 사례에서 사장이 당신에게 "왜 그렇게 동작이 느려?"라고 부당한 질책을 했을 때, "사장님의 다른 지적은 받아들이겠으나 그것만은 인정할 수 없습니다"라고 확고하게 답변하는 게 현명한 방법이다.

✽ 부정적인 말은 입에도 담지 말라

자신에게 말할 때나 남에게 말할 때 부정적인 말은 사용하지 않는 게 좋다.

부정적인 말을 사용하여 상황을 더욱 악화시킨 좋은 예는 미국 닉슨 전 대통령의 연설이다.

당시 개인적으로 뇌물을 받았다는 의혹이 제기되어 그 의혹을 해명하기 위해 텔레비전 생방송으로 연설을 하게 된 닉슨은 "저는 사기꾼이 아닙니다"라는 부정적인 말을 사용했다. 사기꾼이 아니라는 그의 표현은 사기꾼이라는 의미로 국민들에게 인식됨으로써 오히려 사기꾼의 이미지를 강화시켰다.

이 교훈은 우리에게 일상생활에서 부정적인 언어가 주는 영향에 대해 생각하게 만든다.

부정적인 말은 오히려 그것을 그렇게 인식시키는 반작용을 초래한다. 따라서 가급적 부정적인 언어는 사용하지 말아야 한다.

특히 직장에서 사용해서는 안 되는 말 몇 가지를 들면 다음과 같다.

- 가망 없다.
- 못해먹겠다.
- 실패다.
- 위기다.
- 집어치우고 싶다.
- 할 수 없다.

✖ 부정적인 것도 긍정적인 말로 표현하라

부정적으로 볼 수 있는 일도 가급적 긍정적인 말로 바꿔 표현하면 상대의 마음을 얻기 쉽다. 부정적인 말을 긍정적인 말로 바꾸어서 동일한 의미를 주는 것이다.

어떤 문제가 닥쳤을 때 이것을 어떻게 보고 말하느냐에 따라 듣는 사람의 기분은 달라질 것이다. 부정적이지만 긍정적으로 바꾸어서 사용하면 듣는 사람은 물론 말하는 사람 역시 긍정적인 사람이 된다.

어떤 문제가 생겼을 때, "나는 그것을 문제라고 생각한다"라는 말보다는 "나는 그것을 도전이라고 생각한다"라는 말로 바꾸어서 사용하면 상대는 당신을 긍정적인 사람으로 인식하고 호감을 가질 것이다.

아까의 말을 같은 의미의 긍정적인 말로 바꾸어보자.

- 가망 없다. → 가망이 없어 보이지만 전혀 가망이 없는 것은 아니다.
- 못해먹겠다. → 매우 힘들지만 할 만하다.
- 실패다. → 실패라고 볼 수 있으나 단정하기에는 이르다.
- 위기다. → 위기지만 극복할 수 없는 위기는 아니다.
- 집어치우고 싶다. → 너무 힘들지만 포기할 생각은 없다.
- 할 수 없다. → 할 수 없는 것처럼 보이지만 전혀 불가능한 것은 아니다.

$\mathcal{S}$cene 7.
마땅한 대답이
떠오르지 않을 때

상사나 동료 또는 주위 사람들로부터 부당한 질책이나 공격을 당했을 때 대응할 마땅한 말이 떠오르지 않아 일방적으로 당한 경험이 있을 것이다.

이때 순발력이 뛰어나거나 임기응변이 탁월한 사람은 재빨리 응수한다. 그러나 대부분의 사람은 응수할 마땅한 말을 찾지 못해 어물거리다가 대응 타이밍을 놓치고 만다.

이런 상황에서 적절하게 응수하는 방법은 "한마디 해주고 싶은데 참는다"라고 말하면서 솔직하게 받아넘기는 것이다.

회사원인 미스 김은 어느 날 사무실에서 화분에 물을 주고 있었다. 그때 지나가던 동료 직원 미스터 최가 뼈 있는 말 한마디를 했다.

"미스 김, 사무실 화분담당 원예사로 좌천됐군. 그거 참 안 됐어."

그러자 미스 김은 이렇게 말했다.

"미스터 최, 한마디 해주고 싶은데, 적당한 말이 떠오르지 않네요. 왜냐하면 지금 읽고 있는 순발력에 관한 책을 아직 1장밖에 못 읽었거든요."

미스 김의 대답이 그렇게 순발력이 뛰어난 대답은 아닐 것이다. 그러나 그 상황에서 미스 김은 가장 멋진 말을 한 것임에는 분명하다. 만일 그 상황에서 더 멋진 말을 찾으려고 고민했다면 이미 미스터 최는 그 자리에서 사라져버려 대응할 타이밍을 놓쳤을 것이다.

고민하다가 상대를 놓치는 것보다 앞에서 "할 말이 없다"고 하는 게 훨씬 좋다. 어쨌든 대꾸는 했으니까. 적당한 말이 떠오르지 않아 찍 소리 못하고 당하는 것보다 훨씬 나으니까 말이다.

미스 김은 이렇게 말함으로써 속수무책 당하는 피해자가 아닌, 나름대로 자존심을 지킨 당당한 모습을 보여줌으로써 멋지게 이긴 사람이 된 것이다.

✽ 난처한 상황을 만났을 때

"할 말이 없네요."

어떤 난처한 상황에서 이 말보다 효과가 좋은 말은 없다.

여기서 난처한 상황이란 상대방으로부터 부당한 비난이나 뻔뻔한 농담, 또는 모욕적인 말을 들었을 경우를 말한다. 이때 상대방에게 "전혀 할 말이 없네요"라고 대놓고 말하라. 이렇게 말하는 것이 순발력을 키우는 첫 번째 단계다.

물론 이런 말을 할 때 비굴한 태도를 가지면 절대 안 된다. 상대방의 옳지 못한 태도에 전혀 영향을 받지 않는다는 것을 상대가 알 수 있는 말투로 말해야 한다.

순발력을 갖는 말로, "할 말이 없네요"와 비슷한 뉘앙스를 주는 표현으로는 다음과 같은 말이 있다.

- 못 들은 걸로 하지요.
- 뭐라고 하셨어요?
- 딱히 떠오르는 말이 없네요.
- 뭐라고 대꾸해야 할지 모르겠네요.
- 이 질문에 대답을 해야 하나요?

✠ "이해를 못 하겠다"고 말하라

상대방에게 불쾌한 말을 들었을 때 약간 변형을 시켜서 "이해를 못 하겠다"고 말하는 것도 좋은 방법이다. 이렇게 말하는 것 역시 순발력을 키우는 방법인데, 특히 상대가 정곡을 찌르지 못한 농담이나 비난을 할 때 이 방법이 효과적이다.

'이해를 못 하겠다'는 말과 유사한 뉘앙스를 풍기는 것으로는 다음과 같은 말이 있다.

- 무슨 말씀을 하시는지 못 알아듣겠는데요?

- 뭐라고 하셨어요?
- 말이 너무 빨라서 못 알아듣겠군요.
- 중요한 말인가요? 못 알아듣겠어서…….

이런 대꾸를 자신 있게 하려면 제법 뻔뻔해야 한다. 알아들으면서도 못 알아들은 척 연기를 해야 하기 때문이다. 당신이 그 정도로 낯이 두껍지 못하다면 차라리 "할 말이 없다"고 말하는 편이 낫다.

$\mathcal{S}$cene 8.
해결책에
초점을 맞추어라

조직생활에서 우리는 간혹 여러 가지 문제를 만난다. 그런데 문제에 대해서 명확하게 책임자가 밝혀지지 않는 상황에서는 그 문제를 어떻게 해결할 것인가에 초점을 맞추지 않고 서로 책임을 떠넘기기 바쁘다.

모 기업의 CEO를 맡고 있는 당신은 1분기 결산 보고를 듣기 위해서 임원회의를 소집했다. 그런데 1분기 결산을 위해 모인 회의에서 무엇보다도 가장 중요한 결산 보고서를 준비하지 않았다.

당신이 회의에서 1분기 결산 보고를 하라고 하자, 회계팀장은 마케팅팀에서 최종 결과를 보내지 않았기 때문에 아직 보고서를 작성하지 못했다고 말한다. 마케팅팀장은 회계팀장의 말이 끝나기가 무섭게 데이터팀에서 데이터를 보내지 않았기 때문에 최종 결과를 보고하지 않았다고 한다. 데이터팀장은 출장 때문에 자료를 작성하지 못했다고 변명한다.

이런 광경을 목격한다면 당신은 기분이 어떨까? 1분기 결산 보고서를 작성하지 못한 문제를 어떻게 해결할 것인가를 논의하지 않고 서로 책임전가에만 급급하고 있다는 사실에 당신은 분명 분노할 것이다.

이런 경우 CEO인 당신은 어떻게 해야 할까? 이것은 가정이지만, 사실 우리나라의 많은 조직에서 흔하게 일어나는 상황이다.

✠ 입씨름을 중지시켜라

이런 경우의 입씨름은 아무런 가치가 없다. 따라서 입씨름을 중지시켜야 한다. 사회봉을 두들기면서 "그만하세요"라고 말하는 것이 현명한 방법이다. 사회봉이 없으면 오른손을 들어 흔들면서 말하라. 손 흔들기는 사람들의 시선을 집중시키는 효과가 있다.

손을 들어 입씨름을 중지시킨 다음, 해결책에 초점을 맞추어야 한다. 해결책에 초점을 맞추면 대화가 좀 더 구체적인 문제로 접근하게 되고 대화의 품위를 한 단계 높일 수 있다.

대화를 문제 해결의 초점에 맞추면 문제의 원인을 찾는 데서 벗어나 문제를 신속히 해결할 방법을 모색하게 된다. 앞의 예를 들면 당신은 이렇게 말할 수 있다.

"결산 보고서를 작성하지 않은 이유를 찾는 것도 중요하지만, 지금 시급한 것은 결산 보고서를 도출하는 일입니다. 빨리 서두르세요."

물론 문제의 원인을 반드시 찾아야 할 경우도 있다. 예를 들어서 공금횡령 같은 경제적 문제는 그 원인을 반드시 찾아내야 재발을 방지할 수 있다.

✠ 과거에서 배우고, 현재를 살며, 미래를 계획한다

과거에 일어난 일에 대해서 우리는 그것을 개선할 방법이나 능력이 없다. 단지 그것을 교훈 삼아 다시는 그런 일이 일어나지 않도록 만들 수는 있다. 그러니까 우리가 할 수 있는 일은 과거에서 배우는 일이다.

따라서 과거에 대한 입씨름은 중지하고 두 번 다시 그런 일이 일어나지 않도록 과거에서 배우고 미래를 어떻게 계획할 것인가에 대해 논의해야 한다. '누가 한 것인가?'를 논하지 말고 '우리는 이제 어떻게 할 것인가?'에 대해서 논의해야 한다.

Scene 9.
대화의 주도권을 잡아라

대화의 주도권은 무조건 말을 많이 하는 쪽에 있는 것이 아니다. 경우에 따라 상대가 말을 많이 할 수밖에 없는 상황도 있다. 중요한 것은 상대를 당신 페이스대로 이끄는 것이다.

경쟁 프레젠테이션에서 일어난 일이다. 성형외과와 함께 세 곳의 작은 병원들이 한 건물에 입주하기로 예정되어 있었다. 소규모 개인 의원들의 경영 상태가 갈수록 악화되었기에 몇몇의 작은 병원이 한 건물에 모임으로써 고객들을 끌어들인다는 의도에서 계획된 일이었다.

병원 원장들은 주먹구구식으로 일을 진행하기보다는 전문적인 기획회사에 병원의 이름을 짓는 일을 비롯해 여러 가지 홍보 활동을 일임할 생각이었다.

그런데 프레젠테이션은 처음부터 삐걱거렸다. 시간 배분을 넉넉히 잡지 않은 게 문제였다.

"4개 사를 30분 단위로 모두 만나기로 했는데 괜찮을까요? 만약에 첫 번째 회사의 프레젠테이션이 길어지면 뒤쪽은 계속 밀릴 텐데요?"

한 원장의 우려에 다른 원장이 미안한 낯으로 대꾸했다.

"죄송합니다. 갑작스레 오후 네 시에 수술 일정이 잡히는 바람에 어쩔 수가 없었습니다. 가능한 한 시간을 지키며 해봐야죠."

그러나 우려는 현실로 나타나고 말았다. 첫 번째 회사부터 발표 시간이 조금씩 늘어났던 것이다. 게다가 시간이 늘어지는 건 다른 문제로 치부하더라도 앞선 세 회사의 발표가 그 말이 그 말 같아 지루하기만 할 뿐이었다.

✠ 간략하면서도 쉽게 핵심을 말한다

결국 앞선 회사들의 프레젠테이션이 늘어지는 바람에 마지막 참여 회사가 발표를 시작했을 때는 예정 시간에서 10분밖에 남아 있지 않았다. 그렇다고 시간을 더 늘릴 수도 없는 노릇이었다. 그러나 마지막 회사의 기획자는 서운한 표정을 짓는다거나 당황한 표정을 짓지 않았다. 무척 자연스럽게 말을 꺼내기 시작했다.

"준비는 많이 했습니다만, 우선 병원 측에서 가장 궁금해하시는 사항을 먼저 질문해주시면 그것부터 설명하고 시간이 허락하는 범위에서 추가적인 사항을 말씀드리겠습니다."

마침 수술 일정이 잡혀 있던 원장에게는 귀가 솔깃한 얘기였다.

그는 수술을 늦출 수는 없으므로 프레젠테이션이 빨리 끝나기만을 바라던 참이다.

"이번 작업을 하시게 될 경우 어떤 점에 가장 주력할지 설명해주시겠습니까?"

원장의 질문에 기획자는 자신들이 세운 계획의 핵심만을 간략하게 설명했다. 그렇게 설명하니 알아듣기도 쉬웠고 앞선 회사들의 과장되고 중언부언으로 일관한 전략과는 왠지 차별성이 느껴졌다. 기획자의 능력은 여기에서 끝난 게 아니었다. 병원 원장들이 말을 길게 하면 간단히 내용을 압축시켰고 중간에 말이 끊어지면 계속 이야기를 하게끔 주요 단어를 다시 상기시켰다.

원장들과 기획자의 대화를 통해서 우리는 재미있는 사실 하나를 발견할 수 있다. 보통은 상품을 파는 쪽에서 주로 말을 하고 고객은 듣는 입장인 경우가 많다. 그러나 그 기획자는 반대로 주로 고객의 말을 들으면서 사이마다 자신의 의견을 표현하는 고도의 세련된 테크닉을 구사하고 있었던 것이다. 단 10분이라는 짧은 시간 동안 기획자는 자신이 준비해온 자료를 병원 측 관계자들에게 남김없이 다 보여주고 있었다. 원장들에게 말을 시키고 자신이 주도권을 잡고 방향을 이끌어나가는 그의 화려한 테크닉에 모두가 놀라지 않을 수 없었다.

경쟁 프레젠테이션이 모두 끝난 뒤 원장들끼리 가진 회의에서는 당연히 마지막 회사에게 이번 사업을 일임하기로 결정이 났다.

프레젠테이션 같은 경우 오히려 고객에게 질문을 먼저 던지면 무례하다고 느낄 수도 있을 것이다. 보통은 그렇다. 하지만 고객의 현재 상태를 살피고 역할을 바꿔야 할 때도 있다. 상황에 따라 오히려 듣는 게 더 나을 수 있다는 것이다. 대화의 기술이란 이렇듯 그때그때의 상황에 걸맞은 필살기가 필요하다.

✖ 대화의 주도권을 잡기 위한 다섯 가지 비결

첫째, 상대방의 눈을 바라보라.

상대방을 쏘아보듯이 바라보며 기선을 제압하라. 강한 눈빛은 상대방의 기를 꺾는 강한 마력을 가지고 있다.

둘째, 힘 있게 말하라.

힘 있게 말하려면 크고 밝은 목소리로 말해야 한다.

셋째, 군더더기 말을 없애라.

"죄송합니다", "미안하지만……" 같은 군더더기 말은 자신감이 결여되었다는 이미지를 준다.

넷째, 허리를 꼿꼿이 펴라.

허리를 꼿꼿이 펴면 자신이 차지하는 공간이 넓어진다. 자신의 공간은 자신의 힘과 비례한다.

다섯째, 함부로 웃지 말라.

강한 주장을 펴 주도권을 잡으려면 함부로 웃음을 남발해서는 안 된다.

Scene 10.
시의적절한 말을 하라

　대화는 타이밍이다. 전하려는 내용이 좋은 말이라도 때를 못 맞추면 곤란하다. 모든 일에는 다 어울리는 시기가 있듯이 말도 적절한 시기가 있다.

　1971년 고(故) 정주영 현대그룹 회장이 현대 조선소 설립을 위한 차관을 들여오기 위해 영국에 갔을 때의 일이다. 당시 현대 조선소 설립 추진은 허허벌판의 부지만 확보한 상태였다.

　영국 바클레이스 은행 관계자들이 정주영 회장에게 물었다.

　"우리가 당신들의 무엇을 보고 돈을 빌려줄 수 있겠습니까?"

　정주영 회장은 주머니에서 거북선이 그려져 있는 500원 권 지폐를 한 다발 꺼내어 흔들어 보였다.

　"이것은 우리 민족이 만든 거북선입니다. 우리는 이 거북선을 당신들보다 300년이나 앞선 1,500년대에 만들었습니다."

정주영 회장은 조선소의 기술력을 설명하고자 거북선 얘기를 하려고 했는데, 마침 주머니에 있는 돈이 생각난 것이다. 기지를 발휘하여 그 돈을 꺼내 보이며 거북선 이야기를 풀어나갔던 것이다. 정주영 회장은 시의적절한 화술로 상대를 설득했다. 그리고 멋지게 이겨서 차관을 들여오게 되었다.

상대를 이기기 위한 가장 중요한 것 중 하나가 바로 상황을 파악하여 분위기를 살피고 시의적절한 말을 찾아내는 것이다.

✠ 타이밍을 맞추면 강력한 힘이 된다

목마른 자에게는 당장 마실 물 한 잔이 최고이고, 배고픈 사람에게는 당장 먹을 밥 한 그릇이 최고다. 상대가 필요로 하는 것을 알아내어 적절한 때에 제시한다면 상대를 설득함은 물론 상대를 이길 수 있다.

그러므로 철저히 계산된 시나리오를 통하거나 고도의 순발력을 발휘하여 타이밍을 맞춰라. 그러면 백전백승이다.

✠ 타이밍에 맞게 요구하라

원하는 것을 얻기 위해서는 이야기를 끄집어낼 적절한 시점인지를 파악해야 한다. 시기와 관계없이 대화를 하고, 요구하는 것을 끄집어냈다가는 실패하기 십상이다.

또 항의할 일이 있어도 때를 가리지 않고 무모하게 대드는 것은 적절한 방법이 아니다.

　이를테면 상대가 당신을 대하는 태도가 마음에 들지 않는다고 그 순간 즉시 대응하는 것은 형명한 행동이라고 할 수 없다. 항의에 앞서 당신이 항의를 한 다음에 당신에게 닥칠 수도 있는 문제들을 미리 생각한 후에 항의해야 한다.

　모 기업의 팀장으로 있는 현명한 씨는 얼마 전 해외연수를 다녀왔다. 그와 함께 입사한 동기 중에서 그가 제일 먼저 해외연수를 다녀온 것이다. 그런데 그는 우연히 자기와 같은 직급의 팀장의 연봉이 자신보다 더 높은 것을 알고 분노가 치밀어 올랐다. 그가 자신의 경력과 회사를 위해 공헌한 것을 생각해볼 때 도저히 이해할 수 없는 대우였다. 그는 즉시 인사담당 부서를 찾아가 따져보고 원하는 것을 들어주지 않을 때는 사표를 내겠노라 마음먹었다.

　그날 저녁 귀가한 그는 자신의 아내에게 그 말을 하고 내일 어쩌면 사표를 던질지 모른다고 말했다. 그러자 아내는 그에게 이렇게 물었다.

　"지금이 항의하기에 적절한 시점인가요?"

　그 말에 그는 멈칫했다.

　다음 날, 그는 회사가 해외연수를 다녀온 사람을 누구보다 빨리 진급시킨다는 사실을 알았다. 한마디로 회사가 자신을 주목하고 있다는 사실을 알게 된 것이다. 당연히 그는 항의하려던 생각을 포기했다. 이후 그는 더 열심히 일을 했다. 연봉 협상 시기에 이르러서 그는 회사에 연봉 인상을 요구했고, 그의 요구는 받아들여졌다.

　그가 만일 아내의 말을 듣지 않고, 적합한 시점인지를 고려하지 않은 채 무작정 항의를 했다면 원하는 것도 얻지 못하고 오히려 상황을 악화시켜 사표를 내야 하는 극단적인 처지로 내몰렸을지도 모른다.

원하는 것을 얻기 위해서는 적합한 타이밍인지를 파악하는 게 매우 중요하다는 것을 그는 그때 깨달았다.

“

대화의 주도권을 잡고자 한다면 기선을 제압해야 한다.
시선을 맞추고 큰 소리로 자신감 있게 말하라.

”

• 멋지게 이기는 대화의 기술 • 53

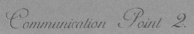

기대한 것보다 많이 얻는
대화의 기술

대화를 할 때, 그 대화가 상담이든 비즈니스 협상이든 기대하는 것이 있게 마련이다. 상대에게 기대한 것 이상의 것을 얻으려면 상대가 원하는 것을 먼저 주어야 한다.

Scene 1.
상대의 상태를
살펴라

커뮤니케이션은 상대방이 당신의 말을 들어주어야 비로소 성립된다. 따라서 당신은 일단 상대방이 당신의 말에 집중할 수 있게 만들어야 한다. 그다음, 당신이 하는 말을 이해시키고 공감하도록 해야 한다. 그렇게 할 때 당신이 원하는 것을 상대에게 얻어낼 수 있다.

대화를 시도할 때 제일 먼저 해야 할 것은 상대의 현재 상황과 기분을 파악하는 것이다.

한참 복사한 종이를 세느라 바쁜 동료에게 무엇인가를 요구했다고 치자. 그는 종이 세던 일을 중단하든지 아니면 듣지 못한 채 계속 셈을 하든지 둘 중 하나일 것이다. 그가 당신의 말을 들을 수 있는 상태인지 확인하는 일은 1초면 충분하다.

또 다른 예를 들어보자. 예산 삭감 문제로 간부와 논쟁하느라 한

참 열을 올리고 온 상사가 자리에 막 앉으려는 순간, 당신이 "지금 괜찮으십니까?"라고 묻는다면 그 상사는 뭐라고 하겠는가? 지금 괜찮은지 안 괜찮은지는 당신 눈으로 확인하면 된다.

이때 상사가 "안 괜찮아!" 하고 소리를 질렀다면 당신은 그 상사가 괜히 당신에게 화를 낸다고 투덜댈 것이다.

당신의 말을 들어주지 않는다고 상대를 원망한다면 당신은 원하는 것을 절대 얻을 수 없다. 대화하기 전에 상대방의 상태를 살피는 습관을 들이는 것이 사회생활에서 당신이 원하는 것을 얻는 첫걸음이다.

상대를 살필 때는 먼저 상대방의 주변 상황을 알아본다. 앞의 예에서 보았듯이, 상사가 이사회에 참석하고 왔는지, 아니면 사장을 면대하고 왔는지 상사 주변의 사람들에게 물어본다.

다음으로는 상대의 안색을 살핀다. 사람은 그때그때의 기분이나 감정이 그대로 얼굴에 드러나기 때문이다.

이렇게 상황을 파악한 다음, 부탁이나 하고 싶은 말을 할 수 있는 상황이라고 판단되면 비로소 말을 건다.

✠ 거절당하지 않는 자연스러운 방법

상대의 상황을 살핀 다음, 거절당하지 않는 자연스러운 방법은 무엇일까?

"좋은 아침입니다" 하고 먼저 말을 건넨다. 그리고 잠시 틈을 둔다. 그러면 상대도 "좋은 아침" 하고 답례를 하면서 다음에 나올 말을 기다린다. 그러면 잠시 틈이 생길 것이다. "뭐 나에게 할 말이 있는가?"라고 상대방이 물으면 그때 당신이 하고 싶은 말을 하면 된다. 그러면 상대방은 당신의 말에 귀를 기울일 것이다.

이야기를 듣는 상대가 말과 행동으로 반응하면서 대화에 동참할 때 소통이 이루어진다. 이렇게 될 때, 누구와 대화를 하든 원만한 대화가 가능해진다. 또 그럴 때 당신이 원하는 것 이상의 것을 얻을 수 있다.

Scene 2.
상대가 원하는 당근을
먼저 제공하라

사람들은 대화를 할 때 상대가 무엇에 관심이 있는지 별로 생각하지 않는다. 또 상대에게 무엇이 유익하고 무엇이 불리한지 분명하게 알지 못한다.

예를 들어보자. 당신은 당신이 살고 있는 지역에 청소년을 위한 '청소년 센터' 건립 문제를 놓고 주민들 앞에서 연설을 한다. 당신은 요즘 청소년들이 건전하게 누릴 만한 놀이 문화가 없어서 생기는 여러 문제점을 말하고, 청소년 센터 건립의 필요성을 역설해야 한다. 그러나 오히려 비행 청소년들이 사회적으로 문제를 일으키는 이유로 부모의 학대나 결손가정을 꼽으며 열변을 토한다면, 당신은 주민들이 듣고자 하는 말과 코드를 못 맞춘 것이다. 즉, 상대의 관심사와 당신이 의도한 논점이 따로 노는 꼴이 되는 것이다.

원하는 것을 얻기 위해서는 상대의 머릿속에 들어가서 그들의 시각으로 물어보아야 한다.

"이것으로 내가 얻을 수 있는 게 뭐지?"

똑같은 관심사라도 상대가 어떤 사람이냐에 따라 그에게 이득이 되는 점이 달라진다. 따라서 사전에 미리 다음 사항을 생각해야 한다.

✱ 사람들의 마음을 움직이는 방법은?

"원하는 것을 얻기 위해 당신이 사람들에게 던질 수 있는 당근은 무엇인가?"

이 말은 곧 '무엇으로 지금 당신 앞에 있는 사람들을 움직이겠는가?'라는 뜻이다. 당신이 만일 세일즈맨으로 프로야구팀을 찾아가서 자동차를 판매하려고 한다면 청정기 회사를 찾아가서 판매할 때와는 다른 방법을 택해야 할 것이다.

스스로 이런 질문을 해보라.

'사람들은 어떤 가치를 중요시할까? 그들에게 중요한 것은 무엇일까?'

야구선수 소속 집단은 선수들의 성적 향상을 위해서 선수들의 감정을 중요시할 것이다. 그들은 새로 들어온 신입 선수들의 컨디션을 신경 쓰면서 건강을 챙길 것이다. 그래야만 경기에서 좋은 성적을 올릴 수 있기 때문이다.

이와 반대로 청정기 회사에서는 회사의 이윤과 고객 확보, 회사의 이미지, 사내 직원들의 만족도, 고객의 만족도 등이 중요할 것이다.

당신이 만일 이들 회사를 방문한다면, 말하기에 앞서 냉정하게 자문해봐야 한다.

'이 사람에게 중요한 것은 무엇인가?'

그다음 상대의 마음을 움직일 수 있는 중요한 내용들이 무엇인지 파악해 당신의 컴퓨터에 입력시켜야 한다.

상대방으로부터 당신이 원하는 것을 얻기 위해서는 먼저 상대에게 중요한 것을 찾아 먼저 주라. 그러면 당신이 원하는 것 이상의 것을 얻을 수 있다.

Scene 3.
정말로 싫은 사람을
대처하는 방법

　사회생활을 하다 보면 정말로 싫은 사람과 함께 일하거나 생활해야 할 경우가 있다. 그럴 때 마음속으로는 다시 이런 인간과 일하지 않겠노라고 생각한다. 그러나 인생이란 정말로 알 수 없는 것이기에 그렇게 마음먹은 대로 하도록 세상이 놔두지 않는다.

　정말 싫은 사람과 결별을 선언하기 전에 고려해야 할 것이 있다.

　한번 가정해보자. 당신은 고등학교를 졸업한 20대 여성으로, 마트에 취직을 했다. 그런데 그 마트에 근무하는 한 40대 남성은 당신을 볼 때마다 "자기야"라고 부른다. 그러니 그 남자 직원은 꿈에서라도 보기 싫은 사람이다. 도저히 참을 수 없는 당신은 그 직원에게 최후통첩을 하고 마트에 사표를 낼까 고민하고 있다.

　이럴 때 당신이 취할 수 있는 가장 현명한 방법은 무엇일까? 그 남자에게 한마디 쏘아붙이고 사표를 내기 전에 다음의 사항을 고려해야 한다.

첫째, 그 일이 사소한 일인가, 중대한 일인가?

당신은 누구보다도 자존심이 강한 여성인데, 그 직원이 당신을 보고 경멸조로 '자기'라고 불렀다고 했을 때, 이런 일이 사소한 것인지를 생각해봐야 한다. 그리고 이것 때문에 '정말로 저 사람은 두 번 다시 보고 싶지 않을 정도인가?'를 고려해봐야 한다.

둘째, 지속적인 일인가, 일시적인 일인가?

상대가 업신여기는 언어를 사용하는 일이 지속적인 것인지, 일시적인 것인지를 구분해야 한다. 하루에도 그런 말을 여러 번 들었다면 문제는 심각하다.

셋째, 사건 전후의 상황은 어떤가?

당신에게 이상한 언사를 하는 그 남자 직원의 이미지와 평판에 대해 알아보라. 마트 내에서 신용을 얻은 상태인가, 아니면 경솔한 사람으로 낙인찍힌 상태인가?

넷째, 그런 행동이 의도적인가, 무의식적인가?

당신을 골탕 먹이기 위해서 의도적으로 한 행위인가, 아니면 당신에 대한 관심과 애정의 표현인가를 판단해야 한다.

다섯째, 변화의 가능성이 있는가, 없는가?

그 직원이 그런 행동을 고칠 수 있는지, 아니면 다른 여직원에게도 그런 언어를 사용하기 때문에 쉽사리 고칠 수 없는지를 살펴봐야 한다.

여섯째, 단기적 승리가 장기적으로 손실을 가져올 것인가?

그 직원과 정면 대결을 한다면 어떤 결과가 나올 것인가를 판단해 봐야 한다.

당신의 더 큰 목표, 예컨대 월급으로 적금을 부어 결혼 비용을 장만한다는 목표를 위해서 그냥 넘어갈 수 있는가를 자문해보라. 정면 대결을 했을 경우, 당신이 이겼을 경우와 패했을 경우를 모두 따져본다.

위의 여섯 가지 기준을 근거로 당신은 입을 열어야 할지, 아니면 잠자코 있어야 할지를 결정해야 한다. 곰곰이 따져보면 아무것도 아닌, 대수롭게 넘길 일이라고 판단할 수도 있다. 혹은 '이런 것은 결코 묵과해서는 안 된다'라는 판단을 내릴 수도 있다. 문제는 얼마나 심사숙고를 하고 결정을 내렸느냐 하는 점이다.

✤ 불편한 현실에 대한 대응법

사회생활을 하면서 직장 등의 조직 내에서 불편을 느낄 때가 많다. 그래서 이런 상황을 받아들이고 계속 생활해야 하는지를 고민하게 된다. 이런 불편한 현실을 놓고 고민할 때 당신이 할 수 있는 일은 세 가지다.

첫째, 남을 변화시키는 것이다.

이것은 거의 불가능하다고 해도 과언이 아니다.

둘째, 상황을 변화시키는 것이다.

상황을 변화시키기 위해선 당신은 많은 위험과 손실을 감수해야 한다. 직장이라는 상황을 변화시키려면 당신은 극단적인 경우 사표도 각오해야 한다.

이런 것을 감수하면서까지 행동해야 할 때는 당신 스스로에게 물어보라.

'이것이 진정으로 내가 바라는 것인가?'

아니라는 답이 나오면 당신이 취하려는 그런 행동은 일시적인 충동에서 나왔다고 볼 수 있다. 충동적인 행동으로 그 상황에서 빠져나오더라도 더 큰 불행과 불편한 상황이 당신을 기다리고 있을지 모른다.

셋째, 나 자신을 변화시키는 것이다.

이것은 언제든지 가능하며, 가장 효과적인 방법이다.

자신을 변화시키는 것은 한마디로 부정적인 자세에서 적극적인 긍정의 자세로 변화시키는 것을 의미한다. 이런 변화를 통해 타인에 대한 당신의 태도가 달라지고, 언어가 바뀌며, 마침내 주변을 바꾸는 결과로 이어질 수 있다. 상황을 변화시키는 것이 아니라 상황을 바라보는 당신의 시각과 태도를 바꿈으로써 새로운 환경, 새로운 세상을 맞이할 수 있는 것이다.

$\mathcal{S}$cene 4.
인간관계를 망치지 않고
일을 거절하는 화술

'어떻게 상사나 동료와의 관계를 악화시키지 않고 일을 줄여갈 수 있을까?'

이것은 직장인이라면 누구나 고민하는 문제다. 과연 인간관계를 망치지 않으면서도 일을 거절하는 방법은 무엇일까?

✱ 일단 상대의 부탁을 들어준다

부탁하는 사람이 누구든 간에 부탁을 한마디로 잘라 거절하는 것은 예의가 아니다. 비록 들어줄 수 없는 어려운 부탁일지라도 우선은 진지하게 들어주고 고려해보겠다는 마음가짐을 가져야 한다.

부탁을 하는 상대는 당신보다 느끼는 부담이 훨씬 크므로 단칼에 잘라 거절하면 마음에 커다란 상처를 입을 수 있다. 인간의 심리는 그런 일에 더욱 민감하게 반응한다. 기대했던 일이 허물어지면 걷잡을 수 없는 허탈감에 빠질 수도 있다.

당신의 입장에서 도저히 들어줄 수 없는 부탁일지라도 먼저 적당한 이유를 들어 차분히 이해시킨 다음, 거절 의사를 밝히는 것이 상대에게 상처를 덜 주는 방법이다.

그러나 이보다 더 효과적인 방법은 일단 상대의 부탁에 대해서 수긍하는 것이다. 당신 입장에서 크게 양보하는 인상을 주면 상대는 당신이 자신의 무리한 부탁을 기꺼이 받아들이는 것에 미안한 마음을 가지게 된다. 그 순간에 거절할 의사를 은근히 덧붙이는 것이다. 그러면 자연스럽게 부탁을 철회시킬 수 있다.

미국의 음악 지휘자 허라크는 20년 동안 성격이 강한 연주자들을 별 탈 없이 잘 끌고 왔다.

어느 날, 같이 공연하기로 한 성악가가 목의 통증을 앞세워 공연 불참의 뜻을 전해 왔다. 허라크는 무척 화가 났으나 온화한 목소리로, 걱정하는 목소리로 성악가의 건강을 염려하며 그의 뜻을 흔쾌히 받아들이겠다고 했다.

허라크가 의외로 쉽게 수용하자, 성악가는 도리어 잠시 생각할 시간을 달라고 했다.

마침내 성악가는 허라크의 배려에 부응하고자 안 좋은 컨디션에도 불구하고 혼신의 힘을 다해 멋진 공연을 선보였다.

허라크는 상대가 건강을 이유로 내세운 요구를 수용하는 척하면서 그 요구를 한 상대가 스스로 공연 참여를 거절할 수 없게 만들었다.

이처럼 상대 요구의 옳고 그름을 따지지 말고 우선 상대의 입장에 동조하면서 그 부탁을 들어주려는 태도가 좋은 결과를 가져올 수 있다.

✠ 거절하는 법, 네 가지 화술

첫째, "잠깐 생각할 시간을 주세요"라고 말한다.

얼떨결에 일을 떠맡아 고민하다가 나중에 후회한 경험은 누구나 한두 번 있을 것이다. 사실, 책임을 떠맡지 않으려고 당장 거절하기란 쉽지 않다. 그럼에도 물론 상대의 밀어붙이는 전략에 넘어가서는 안 된다.

그렇다고 정색하며 그 즉시 거절하라는 것은 아니다. 그러면 오히려 관계가 악화될 수 있다. 하루아침에 변하여 관계를 악화시키지 않고 단호한 태도를 보인다는 것은 불가능하다. 따라서 즉각 승낙하는 대신에 한 번 생각할 시간을 얻어야 한다.

둘째, "안 돼요"와 "그래요"라는 말을 동시에 한다.

이 방법은, 부탁받은 일은 거절하되 다른 일을 하겠다고 말하는 것이다. 물론 이 경우 다른 일이 더 힘든 일이 될 수도 있다. 그러나 상식 있는 사람이라면 당신이 이 두 가지 말을 하면 거절한다는 뜻임을 눈치챌 것이다.

셋째, "안 돼요"라고 말하고 대안을 제시한다.

당신은 그 일을 맡을 기분이 아니지만, 매정하게 거절할 수만은 없기에 다른 사람을 추천하거나 다른 방법을 권하는 것이다.

넷째, 단호하게 미련 없이 "못 하겠습니다"라고 잘라 말한다.

지금까지 하기 싫지만 거절하지 못하고 부탁을 들어주었다면 이제는 단호하게 거절하여도 무방하다. "저를 믿고 부탁하는 건 알겠지만 지금 해야 할 일이 산더미처럼 쌓여 있기 때문에 도저히 할 수 없습니다" 하며 거절한다.

✠ 친절하다는 것과 만만하다는 것은 다르다

사회생활을 하다 보면 어떤 이들은 친절한 사람들을 오히려 만만하게 보는 경향이 있다. 이런 대접을 받았을 때 과연 어떻게 말하고 처신해야 할까?

주부인 A와 B는 이웃사촌이다. 두 사람은 공교롭게도 세 살짜리 아들이 하나씩 있다.

어느 날, A는 보험회사 생활설계사로 취직을 하게 되었다. 그래서 우선 급한 대로 이웃사촌 B에게 아이를 부탁했다. B는 자기 아이와 함께 돌보면 될 것 같아서 흔쾌히 허락했다.

그러나 그 기한이 점점 길어지자 B는 서서히 화가 치밀었다. 시간이 흐를수록 자신의 친절을 A가 고맙게 생각하기는커녕 오히려 당연하게 여기는 것 같다는 생각이 들었기 때문이다. 그렇다고 이제 와서 아이를 돌봐주지 않겠다고 하자니 그동안 쌓아온 우정에 금이 갈 것 같아 이러지도 저러지도 못하였다. B는 아무리 생각해봐도 결별을 감수하면서까지 아이를 어린이집에 맡기라고 말할 수는 없었다. 하지만 누구나 자신의 인생과 삶이 더욱 중요한 것 아닌

가. 자신의 삶을 희생하면서까지 친구의 부탁을 들어주는 것은 어리석은 일이다.

    B는 자신의 삶을 누리면서 친구도 잃지 않을 방법을 생각해냈다. 그녀는 친구 A를 불러 자신도 할 일이 많아 도저히 두 아이를 돌보기란 무리이므로 대신 아르바이트 대학생을 아이에게 붙이면 어떻겠냐며 한 여대생을 추천해줬다. 아동보육과에 다니는 그 여학생은 아이를 좀 더 잘 봐줄 수 있을뿐더러 어린이집에 맡기는 것보다 적은 돈이 들어가 일석이조였다. 그렇게 B는 만만하게 보이지 않으면서도 A의 문제를 처리할 수 있었다.

$\mathcal{S}$cene 5.
상대가
"No" 라고 할 때

이번에는 반대로 상대가 "No"라고 할 때 어떻게 설득하여 원하는 것을 얻을 수 있는지 그 방법에 대해 알아보자.

상담과 교섭이 빈번히 이루어지는 비즈니스 현장에서는 상대의 'No'를 어떻게 무너뜨리느냐가 포인트다. 사내에서도 기획회의나 전략회의를 할 때, 그 자리의 'No'를 얼마나 설득하느냐가 핵심이다.

그런 의미에서 비즈니스 현장은 'No'와의 전쟁이라고 할 수 있다. 전력을 다해 설득하는데도 상대가 "No" 했다면, 상대의 'No'에는 설득의 여지가 없는지, 만일 있다면 그것은 어떤 방법인지를 고민해야 한다.

모두 신중한 작업이다. 비즈니스맨은 늘 "No"를 외치는 상대의 표정이나 말투에서 본심을 찾아내려고 애쓴다.

벤처기업 창업자는 대부분 주위의 'No'에는 따르지 않는 유형이다. "무모하다", "불가능하다"는 반론을 일절 무시하고 자신의 확신에 따르는 것이 그들의 출발점이다. 그것이 기업 내에 받아들여지지 않기 때문에 스스로 회사를 차려 모험에 도전하는 것이다.

자신이 원하는 것을 얻고야 마는, 능력 있는 사람들의 공통점은 'No'에 대해 '관철시킬 방법은 없을까' 하고 늘 생각한다는 점이다.

"No" 한마디에 고분고분 따르면 아무것도 얻을 수 없다. 하지만 현실적으로 비즈니스 현장에서는 그 상대가 상사이거나 중요한 거래처이기에, 상대의 'No'에 반론을 내세워 감정을 상하게 하기보다 고분고분 따르는 쪽이 나은 경우도 있다. 그래서 이 균형을 유지하기란 사실 어렵다.

비즈니스 현장에서는 밀어붙여야 할지 후퇴해야 할지 애매한 상황이 종종 발생한다. 그때 의외로 효과적인 것이 물러난 것처럼 보이게 하는 화술 방법이다.

심리학에는 '자이가르닉 효과(Zeigarnik Effect)'로 불리는 현상이 있다. 러시아의 임상심리학자 자이가르닉에 의해 발견된 현상인데, '중단된 작업 내용은 기억에 잘 남는다'는 것이다.

텔레비전 연속극은 다음에 어떻게 될지 궁금한 장면에서 한 회가 끝난다. 그러면 다음 회가 몹시 기다려진다. 게다가 이번에 어떤 장면으로 끝났는지를 정확히 기억한다. 완결 직전에 중단된 내용은 훨씬 더 기억에 남는다.

이 '자이가르닉 효과'를 화술에 응용하면, 상대의 'No'에 대해 이기기 위해서 자신의 손바닥을 다 펼쳐 보일 필요는 없다.

알기 쉽게 말하면 '여운을 남기고 교섭을 중단하는 효과'를 노리는 것이다.

모 중소기업 사장은 화술 좋기로 업계에 소문이 나 있다. 그는 상대가 전화로 거절하면 "자세한 얘기는 만나서 합시다"라고 말한다. 상대가 간단하게 용건을 전달하거나 상대가 대답을 꺼리는 경우엔 "그 밖에도 여러 가지가 있지만, 전화로는 설명하기 곤란하니까 만나서 이야기합시다"라고 유도한다.

이런 말을 들으면 '어떤 얘기일까' 하는 흥미가 생긴다. 그와 동시에 상대가 전화로 꺼낸 이야기를 되새기게 한다. '지금 당장 대답할 수는 없지만 그리 나쁜 조건은 아닐 거야' 하고 기대하기도 한다.

얼굴을 마주하고 대화를 할 때도 '아직 다른 뭔가가 있을 거야' 하고 상대가 생각하게끔 만드는 것이 비결이다. 물러나더라도 다음 번 만남에 기대를 갖도록 만드는 것, 이것이 자신이 원하는 것 이상의 것을 얻는 비법이다.

✽ 선택의 여지를 많이 준비한다

화술에서 원하는 것을 얻으려고 상대를 설득하려다가 오히려 역효과를 불러오는 경우가 있다.

설득에 서툰 사람은 상대를 몰아붙여, 약한 'No'를 강한 'No'로 바꾸고 만다.

약한 'No'라면 아직 설득할 가능성이 있는데, 여기서 설득 방법이 잘못되면 단단하게 입 다문 조개처럼 강한 'No'로 바뀌어버린다. 설득이 역효과를 내어, 상대가 강한 'No'의 태도로 돌변하는 것을 '부메랑 효과'라고 한다.

'부메랑 효과'를 낳는 조건은 명백하다. 대표적인 것을 몇 가지 소개하면 다음과 같다.

첫째, 선택의 자유를 제한할 때다.

어느 자동차 세일즈맨이 주부에게 신차를 판매할 때, 빠른 출고 조건으로 컬러를 흰색으로 한정했다. 흰색 차는 재고가 있고 게다가 이번 달 판매 목표에 해당하기 때문에 세일즈맨의 실적도 오른다. 그런데 주부는 파란색 차를 원한다. 흰색은 평범해서 달가워하지 않는 것이다.

세일즈맨은 그것은 단순히 가격을 깎기 위한 술책으로 여기고 즉각 가격 협상에 들어갔다.

"흰색은 가장 싫증나지 않는 색입니다."

그는 끈질기게 흰색 차를 밀어붙인다.

결국 주부는 감정이 상하고 말았다. 그녀는 "차는 필요 없어요"라고 단호히 말하며 자리를 박차고 일어났다.

선택의 자유가 제한되면 오히려 제한받은 쪽으로 매력을 느낀다. 흰색 외에는 안 된다고 했기 때문에 이 주부는 파란색 차가 더 갖고 싶어진 것이다.

이 세일즈맨은 흰색에 얽매이지 말고 자유롭게 색을 선택하도록 했어야 했다. 출고가 늦어져도, 이번 달 영업 실적에 도움이 안 돼도, 팔리지 않는 것보다는 분명 낫다.

사람은 누구나 쇼핑할 때, 특정 상품만 집요하게 권유받으면 점원이 권하지 않은 다른 상품에 매력을 느끼는 경우가 있다. 그렇게 되면 점원의 목소리가 듣기 싫어져 아무것도 사지 않고 매장을 나가버린다.

그러므로 상대의 'No'가 약한 단계일 때 선택의 여지를 많이 준비할 필요가 있다.

여행사에서 관광객을 끌어들일 때도 코스, 교통수단, 숙박시설을 정해놓고 일방적으로 강권할 것이 아니라 "동해의 맛있는 생선회를 먹으러 가지 않을래요?" 하는 방법으로 상대의 흥미를 유발해야 한다.

✖ 'Yes'가 'No'로 변하지 않게 하려면

'부메랑 효과'의 또 다른 예는 상대가 "Yes"라고 대답하면 자신이 유리해지는 경우다. 설득당하는 사람이 그 사실을 눈치채면 'Yes'는 즉시 'No'로 바뀐다.

누구나 자신이 불리해지는 설득에는 "No" 하고 대답하는 것이다. 하지만 일이기 때문에 어쩔 수 없다는 판단을 내리기도 한다.

그런데 경우에 따라서 그 설득에 따라주면 상대가 유리해진다고 깨닫는 순간 반발심이 생겨 겉으로는 "Yes"라고 대답해도 내심 "No"라고 대답하게 된다.

예를 들어보자. 부장이 팀장에게 매우 난감한 일을 의뢰한다.

"자네라면 할 수 있을 거야. 자네의 능력을 시험해볼 좋은 기회 아닌가?"

그렇게 설득하고 부하가 꺼리면 이런 말로 쐐기를 박는다.

"부탁하네! 이미 일을 수락했어. 여기서 그만두면 내 입장이 곤란해지네."

부장은 사내에서 존경할 만한, 덕망이 있는 것은 고사하고 성사 여부도 불분명한 일을 덜컥 맡아온 인물이라고 하자. 그런 상사가 자신의 입장을 전면으로 내세워 부하를 설득해봤자 역효과만 난다.

'이렇게 어려운 일을 강요하고 그 공은 자기 혼자 차지하려는 인간이야!'

부하가 이런 반감을 가지면 이 일이 성공해도 다음부터는 부장의 의뢰에 온갖 이유를 대며 거절할 것이다.

실제로, 지난번에는 흔쾌히 "Yes" 하면서 받아들인 일을 다음에 의뢰하면 "No"라고 거절하는 사람의 심리에는 지금의 경우와 같은 사정이 숨어 있을 때가 많다.

상대를 도와주려고 했던 것이, 사실은 상대에게 이익만 안겨주었다는 것을 깨달으면 누구나 그 사람에게 부탁받은 일은 하지 않으려고 한다.

이런 예는 의외로 많다. 일상생활에서도 비즈니스 현장에서도 자주 볼 수 있는 것이다.

자기 이익만 생각하는 사람은 분명 신뢰받지 못한다. 자신의 이익을 중심으로 생각하는 유형은 남을 설득할 때 자신의 이익을 되도록 숨기고 이야기하지만 결과가 나오면 곧 그 전말이 다 드러난다.

'아, 저 사람의 설득에는 이런 꿍꿍이가 있었구나!'

이런 생각이 들면 주위에 반감을 갖는 사람은 점점 더 늘어난다.

설득력 없는 상사는 겉으로는 도움을 요청하는 듯하지만 속으로는 자기 보호나 자기 이익만 추구하는 인물이다.

그렇다면 설득력 있는 사람은 어떤 사람인가? 앞선 예의 반대로 생각하면 될 것이다.

무엇보다 우선 공평하고 공정한 인물이다. 그런 사람은 자신의 이익이나 유익을 위해 타인을 설득하지 않는다. 상황을 객관적으로 판단하여 자신이 하지 않으면 안 되는 일을 우선으로 한다. 그것을 위해 주위를 설득한다. 그리고 설득에 따라준 사람을 높이 치하한다. 결과가 아니라 과정을 중시하기에 노력과 정성에 감사한다.

이 두 가지를 지키는 사람이라면, 주위의 신뢰를 얻는다. 신뢰를 먼저 얻어야 원하는 것을 얻을 수 있다.

'저 사람에게 부탁하면 거절하지 않을 거야!'

부하에게 이런 믿음을 주는 사람이라면 역시 능력 있는 상사다.

Scene 6.
상대의 거절을 번복시키는 세 가지 전략

원하는 것을 얻기 위해서는 상대가 비록 거절했을지라도 그것에 굴복하지 않고, 그 결정을 번복할 능력과 화술을 갖추어야 한다.

상대의 거절을 번복시키는 화술은 어떤 직업에 종사하든지 필요한 화술이지만, 특히 세일즈맨들에게 절대적으로 중요한 대화의 기술이다. 왜냐하면 세일즈에서 거절당하는 경우가 많기 때문이다.

사실, 한 번 거절당하면 대부분 기회가 닫히게 마련이다. 하지만 새로운 대안을 준비하여 제안한다면 기회는 다시 생길 것이다. 새로운 대안이 합리적이거나 고려해야 할 가치가 있다고 판단하면 상대는 거절한 것에 대하여 번복한 것을 정당화할 것이다.

어느 자동차 세일즈맨이 모 택시 회사를 방문했다. 그는 새로 출시된 차량 안내 책자를 가지고 사장실을 노크했다.

사장은 "아직 차 살 계획이 없는데"라고 말하면서 문전박대했다.

그러자 세일즈맨은 공손히 말했다.

"이 차량은 이번에 새로 출시된 것입니다. 연비도 많이 절약되고 운전석의 안전에 역점을 두고 만들었습니다."

사장은 "알았으니까…… 뭐, 시간 될 때 읽어볼 테니 안내 책자나 거기 두고 가쇼"라고 차갑게 말했다.

세일즈맨은 영업소로 돌아와 오늘 자신의 세일즈 방법에 대해서 곰곰이 생각하고 평가했다. 그는 결론적으로 너무 일률적이고 기계적으로 접근했음을 깨달았다.

다음 날, 그는 그 회사 소속의 택시를 이용해 볼일을 처리하러 가면서 사장의 신변에 대해 알아봤다. 다행히 사장이 자신과 같은 고향이고, 자신과 비슷한 나이의 동생이 있음을 알아냈다.

그는 일주일 후에 다시 택시 회사 사장실을 방문했다. 그가 일부러 그동안 잊고 지냈던 고향 사투리를 써서 인사를 건네자 사장의 태도가 변하기 시작했다. 세일즈맨은 차에 대한 설명은 미룬 채 고향 이야기부터 시작했다. 한 시간 동안 즐겁게 대화를 했고 마침내 차량 몇 대의 구입 결정을 이끌어냈으며 계약서 사인을 받아냈다.

원하는 것을 얻는 데에 실패했다고 포기하지 말라. 아래 제시한 방법을 이용해 다시 도전하면 좋은 결과를 가져올 수 있다.

✤ 거절을 번복시키는 세 가지 방법

첫째, 퇴각한다.

침착하게 그 상황에서 빠져나온다. 화를 내거나 감정을 폭발시켜서는 절대로 안 된다. 그러면 영원히 협상의 문이 닫히는 결과만 남을 것이다. 상대의 거절을 일단 받아들여야 다시 시도할 기회가 생긴다.

둘째, 재평가한다.

'왜 거절당했을까?', '내가 제안한 것에 대한 설명이 부족했을까?', '상대가 원하는 것을 먼저 제공하지 못했기 때문일까?' 등으로 재평가한다.

셋째, 다시 시도한다.

새로 약속을 잡고 만났을 때, "지난번에 논의했던 문제이긴 하지만 새로 고려할 사항이 있습니다"라는 말로 설명을 시작하라.

Scene 7.
심술궂은 사람을
이기는 화술

사회생활을 하면서 정말 만나기 싫은 사람 중 하나가 심술궂은 인물이다. 이들은 상대를 함부로 대하여 상처를 준다. 대부분의 사람은 이런 부류에게도 최선을 다하지만 결국 이용만 당하고 만다. 특히 이들은 자신보다 지위가 약하거나 힘없는 사람에게 더더욱 심술을 부린다.

이들에게 상처를 입은 사람 대부분이 단호하게 대하지 못한다. 지위나 힘을 가진 사람들에게 대항해봤자 불이익을 당할까 두렵기 때문이다.

그러면 이런 식의 심술궂은 사람에게는 어떻게 대하는 게 이기는 길일까?

심술궂은 사람은 대부분 당신이 참지 못할 때까지 괴롭힌다. 당신을 시험하듯이 괴롭힌다.

심술궂은 사람에게 침묵은 곧 굴복을 의미한다. 스스로 잘못을 깨닫도록 하기 위해서 뺨을 때리는 행위는 소용이 없다. 선한 인간 본성에 호소하는 것도 아무런 의미도 없다. 그들은 어쩌면 태어날 때 선한 본성 따위는 가지고 있지 않았는지도 모른다. 따라서 이런 사람들에게는 공격이 최고의 방어다.

✖ 즉각 대응한다

회사 사장의 가까운 친척으로 알려져 있는 노 팀장은 심술궂기로 유명하다.

어느 날, 노 팀장은 미스 현이 일하고 있는 부서로 가서 여러 직원이 보는 앞에서 그녀에게 말했다.

"미스 현은 최근 들어 회사를 위해 한 일이 하나도 없는 것 같아요?"

그 말이 떨어지자마자 미스 현은 얼음장 같이 차가운 표정으로 노 팀장의 얼굴을 바라보며 대꾸했다.

"모두 다 팀장님의 뜻을 거스르지 않으려고 노력하다 보니 그렇게 됐네요."

이런 심술궂은 사람에게는 민첩하게 즉각적으로 대응해야 한다. 고민하다가 대답을 하지 못하면 그들은 무시하며 입을 닫아버리기 때문이다. 아무리 훌륭한 대답도 타이밍을 놓친 후에는 소용이 없다.

즉각 대응할 때 주의할 점은 너무 무리하지 말아야 한다는 것이다. 불쾌하다고 처음부터 무리하게 대응하면 오히려 역효과만 불러온다.

상대의 공격이 거칠 때 무슨 말이든 대꾸를 한다는 것만으로도 당당함을 보여주는 것이다. 당당하지 못하다면 꿀 먹은 벙어리가 되어 아무 말도 못할 것이다.

언어 폭력을 당할 때마다 이런 식의 정면 대결을 선택해야 하는 것은 아니다. 모욕을 받아들이고 혼자 고통을 당하기보다는, 위험의 리스크를 생각하고 한계선을 분명히 한 뒤, 필요한 경우 정당한 대우를 얻어야 한다. 그러기 위해서는 다음의 제안들을 참조하면 좋을 것이다.

✠ 상황에 따른 대응전략

상대의 공격에 어떻게 대응할 것인가는 상황에 따라 결정해야 한다. 적절하게 대응하기 위해서는 우선 상황 파악을 해야 하는데, 상황 파악과 그에 따른 반격의 정도를 다음의 방법을 참고하여 결정하면 좋다.

첫째, 상대가 악의 없는 농담을 할 때 민감하게 반응해서는 안 된다. 상대가 당신에게 악의 없는 농담을 하는 이유는 그만큼 당신을 신뢰하기 때문이다.

둘째, 유머 감각이 없어서 전혀 유머를 모르는 사람에게는 유머를 쓰는 걸 조심해야 한다. 유머 감각이 뛰어난 사람에게도 유머로 대응해서는 효과를 거둘 수 없다.

셋째, 상대의 지위가 당신보다 낮을 때와 높을 때 그 대응을 달리해야 한다.

상대의 지위가 당신보다 낮을 경우에는 상처받을 말은 삼가며 부드럽게 대해야 한다. 반면에 지위가 당신보다 높을 경우, 지나치게 배려하면 당신을 무시하게 될 것이므로 너무 저자세로만 일관해선 안 된다.

넷째, 당신을 의지하는 부하나 주위 사람들에게는 항상 이성적으로 대하는 것이 좋다.

다섯째, 주변 사람들이 많이 있는 자리에서 공격을 받았을 때에는 공격을 가한 상대와 당신과의 관계가 더 중요한지, 아니면 당신에 대한 주위 사람들의 평가가 더 중요한지를 생각하고 대응의 수위를 정해야 한다.

$\mathcal{S}$cene 8.
기분 상하지 않게
상대의 말을 끊으려면

　우리 주위에는 참으로 말이 많은 사람들이 있게 마련이다. 이들은 말을 시작하면 그칠 줄 모른다. 이들은 상대의 기분 따위는 생각하지 않는다. 그리고 상대의 말에 귀를 기울일 생각도 하지 않고 자기 말만 한다. 상대가 자기 이야기에 관심이 있는지 어떤지 생각해보지도 않고 계속 떠들어대는 이는 문제가 있는 사람이라고 보아야 한다.

　이제 이들의 기분을 상하게 하지 않고도 입을 막는 방법에 대해 생각해보자.

　수다쟁이의 입을 막는 방법은 여러 가지가 있다. 이 방법들은 마음에도 없는데 그런 수다쟁이의 말을 듣고 참아야 하는 고통에서 해방시켜준다.

　첫째, 말을 가로막고 상대의 이름을 부른다.

상대가 알아서 말을 끊기를 기다리며 지루함을 참지 말라. 그런 수다쟁이들은 결코 자신이 알아서 말을 먼저 끊지 않는다. 왜냐하면 그들은 자신이 말을 너무 많이 해서 상대가 괴로워한다는 것을 느끼지 못하기 때문이다. 과감하게 말을 끊고 이름을 불러라. 그러면 상대가 잠시 멈칫할 것이다. 바로 그 순간을 당신은 붙잡아야 한다.

둘째, 지금까지 상대가 한 이야기를 요약해서 말해준다.

지금까지 대화한 내용을 요약해서 말하면 그것은 그동안 당신이 상대의 이야기를 잘 들었다는 신호인 동시에 이제 그만 이야기하자는 메시지가 된다. 만일 상대가 당신의 말뜻을 알아들었으면 이야기를 그만할 것이다.

셋째, 지금까지 상대가 한 말을 과거의 일로 취급한다.

예를 들어 대화가 길어지면 "이야기 잘 들었습니다. 잘 기억해두겠습니다" 등의 표현을 쓰면 그것으로 끝내자는 뜻이 되는 것이다.

넷째, 단호한 태도로, 그러나 정감 있는 목소리로 마무리한다.

"재미있게 잘 들었는데, 나머지 이야기는 다음에 듣기로 합시다" 등의 표현으로 마무리를 한다. 이때 단호하게 말하되, 정감 있는 목소리를 유지하여 상대가 섭섭하게 생각지 않게 한다.

✱ 꺼리는 상대를 물리칠 때

대부분의 사람은 대화를 중단시키면 의기소침해져서 더 이상 얘기를 하지 않는다.

더욱이 대화하는 도중에 상대의 말에 호응이 없고 무관심한 태도를 보이거나, 대화의 내용과 관계없는 이야기를 하면 당연히 대화는 단절된다.

이와 같은 대화의 태도는 바람직하지 않으나, 짓궂은 상대나 꺼리는 사람을 물리치는 데에서만큼은 분명 효과적인 방법이다.

상대의 이야기를 방해하는 것으로는 "네? 뭐라구요?" 하는 식으로 반문하는 방법이 있다. 또한 "말씀 도중에 죄송합니다만……" 하고 점잖게 거부하는 방법도 있다.

이야기를 다른 방향으로 끌고 가는 방법으로는 "그건 그렇고", "그래서 이야기입니다만" 등의 말을 사용하면 된다.

당신이 대화 도중에 이러한 방법을 사용하면 상대는 이야기의 전개 방법을 잃을 것이고, 결국 그는 이야기를 멈출 것이다.

모 교수는 대화에서 이런 방법을 사용하는 것으로 이름이 알려져 있다. 그 교수는 반갑지 않은 손님을 만나면 상대가 말을 꺼내기가 무섭게, "아, 잠깐 실례하겠습니다" 하고 자리를 비웠다가 돌아온다. 대화 도중에 무려 7~8회나 거듭하여 상대를 민망하게 만든다. 물론 정중히 대할 상대에게는 그렇게 하지 않지만, 불필요한 상대일 경우엔 그렇게 불쾌한 행동도 서슴지 않는다.

이런 방법은 대화에서 좋지 못한 방법이지만, 반갑지 않는 상대나 곤란한 부탁을 늘어놓는 상대에게는 효과 만점의 방법임에는 틀림없다.

✻ 지루하게 대화를 끄는 사람

재미도 없고 도움도 되지 않는 화제를 질질 끌면서 대화를 하는 사람에게는 누구나 싫증을 느끼게 마련이다.

이런 사람들은 대화가 본래 목적에 벗어나도 태연히 이야기를 계속하고, 마무리도 제대로 하지 못한다. 이런 상대와 대화할 때는 이야기를 컨트롤할 수 있는 능력을 갖추어야 제대로 소통할 수 있다.

이때 상대가 말하고 있는 화제의 초점을 엉뚱하게 이끌어 다른 화제로 대화의 초점을 돌린다. 물론 새로운 화제로 돌릴 때를 잘 잡는 것이 중요하다.

예를 들어서 상대가 잠시 숨을 들이쉬기 위해 이야기를 멈췄을 때, "그런데 말이야. 이런 경우에는 어떻게 하면 좋지?" 하며 새로운 화제로 돌린다. 그러면 상대는 자기 이야기에 당신이 공감한 것으로 생각하고 새로 시작한 화제에 관심을 갖게 된다.

또 화제를 바꿀 때는 재치 있게 질문을 한다.

"참, 아주 재미있는 사건이 하나 있어."

이런 말로 상대의 주의를 자극한다. 그러면 이야기에 도취해 있더라도 상대는 당연히 당신의 이야기에 귀를 기울일 것이다.

화제를 바꿀 때에 화법의 재치를 발휘해야 함은 물론이다.

예를 들어서 상대의 관심을 끌기 위해서는 첫마디에 감탄사나 접속사를 쓰는 게 좋다. 무턱대고 떠든다면 상대는 오해하기 쉽다.

그러나 감탄사를 사용하면 일단 주의를 환기시키기 때문에 말의 첫머리를 강하게 넣을 필요가 있다. 이때 사용할 수 있는 감탄사는 "어머나", "오호라" 등이 있다.

모 회사 신입 사원들이 첫 미팅 때 무슨 이야기가 그리 많은지 끝날 줄을 몰랐다. 군대 이야기, 고향 이야기 등 날이 새도록 이야기가 계속되자, 그중 한 신입 사원이 자리에 벌떡 일어서더니, "아하!" 하고 우렁차게 소리를 질렀다.

그 소리 때문에 잠시 이야기가 중단되었다. 그때 소리를 지른 신입 사원이 사회자에게 눈치를 보내자 사회자는 곧 알아차리고 미팅을 끝냈다.

그 신입 사원의 감탄사 한 마디로 지루하던 대화가 종료에 이른 것이다.

Scene 9.
상대의 기분을 상하지 않게
대화를 거절하는 방법

사회생활을 하다 보면 바쁜 일로 다른 생각을 할 여지가 없을 때 혹은 언짢은 일로 기분이 상해 있을 때 동료나 고객이 잡담을 걸어 올 경우가 있다. 그러면 그 잡담에 응대하기 위해 하던 일을 잠시 멈추어야 하고, 기분이 좋지 않아도 응해줘야 할 경우가 있다. 이럴 때 마음에 내키지 않지만 냉정하게 거절할 수도 없고, 또 그럴 경우 매너가 없는 사람으로 낙인찍히지 않을까 걱정되기도 한다.

그러면 어떻게 해야 상대의 기분을 상하지 않게 하면서도 대화를 거절할 수 있을까?

여기서 우리가 알아야 할 것은 먼저 해야 할 일과 중요한 일에 시간을 투자해야 한다는 사실이다. 이런 능력을 갖추면 문제에 대한 해결책은 저절로 알게 된다.

다음의 몇 가지 사항을 염두에 두고 있으면 이런 문제를 해결하는

데 도움이 될 것이다.

✠ 대화를 거절하는 다섯 가지 방법

첫째, 누군가 당신에게 불쑥 말을 걸어올 때 그 목적을 즉시 파악한다. 진정으로 중요한 일이거나 급한 일로 말을 거는 것인지, 아니면 시간 보내기 위한 잡담인지를 파악한다. 그리고 '이게 내가 지금 하는 일보다 더 중요한가?'라고 스스로에게 물어본다. '그렇다'는 답이 나왔을 때는 곧바로 상대의 말에 귀를 기울인다.

둘째, 그렇지 않다면 "나중에 이야기하자"라고 말하라. 동료나 상대에게 기꺼이 시간을 내주어 대화의 상대가 되어준다는 이미지는 좋다. 그러나 그것이 당신의 어떤 희생이라도 감수하고 얻어야 할 이미지는 아니다.

당신이 항상 상대를 우선시한다면 당신은 아마도 일을 잘하지는 못할 것이다. '남의 일에 관심 많은 사람은 자신의 일에는 소홀히 하기 쉽다'는 말이 있다. 남의 일에 시간과 에너지를 투자하는 사람치고 자기 일을 제대로 하는 사람은 그리 많지 않다.

셋째, 상대의 이름을 부른 후 "지금은 이야기를 들어줄 기분이 아닙니다"라고 말하지 말고, "그렇지 않아도 이야기를 하려고 생각했지만, 지금은 아닌 것 같다"고 정중히 말하라.

넷째, 지금 당신이 하고 있는 일을 설명하라.

"지금 하고 있는 일이 급한 일이라 오전 중에 끝내야 하므로, 나중에 대화를 나누지요" 하는 식으로 정중히 친절하게 말하라.

다섯째, "이 일을 끝낸 다음에 대화를 나누면 안 될까요?" 또는 "오후에 내가 전화를 걸면 안 될까요?" 하는 식으로 협조를 요청하는 말을 한다. 이런 태도는 명령이나 간청보다 더 설득력이 있다.

직장생활에서 중요한 일, 급한 일에 우선적으로 시간을 투자하는 지혜가 무엇보다도 필요하다.

Scene 10.
반론을 제기하려면 일단 긍정부터 하라

대화에서 모든 사람의 의견이 당신의 의견과 일치된다면 그 이상 바람직한 것도 없다. 그러나 사람의 생각은 제각각이기에 의견 또한 다르게 마련이다. 그런데 서로 의견이 대립되는 상황이 되면 매우 예민해진다. 특히 상대방이 자신의 의견이 최상이라는 믿음을 가지고 있다면 상대방을 설득하기가 매우 난감해진다. 만약 상대방의 의견이 당신과 다르다고 하여 당신이 흥분된 목소리와 긴장된 표정으로 반대 의견을 직접적으로 표현한다면 상대방은 자신의 의견이 무시되었다고 판단하여 공격적인 자세를 취할 것이다. 이러한 적대적인 상황에서는 이성을 잃기 쉽고 대화를 통해 좋은 결과를 얻기가 쉽지 않다.

그렇다고 당신이 침묵으로 일관하면 당신은 수동적인 사람으로 보이고, 결국 원하는 것을 얻지 못한다. 따라서 대화를 통해 원하는 것을 얻으려면 대립되는 상황에서도 자신의 의견을 현명하게 전달하는 대화의 기술을 익히는 것이 좋다.

먼저 상대의 의견과 다른 의견을 제시하여 반격을 시도하는 것보다 상대의 입장을 충분히 받아들인다는 마음을 보여주는 것이 좋다. 그렇게 하면 대화를 순조롭게 이끌 수 있고, 또한 원하는 것도 얻을 수 있다. 열띤 토론에서 큰소리가 오가는 이유는 상대방을 존중하는 마인드가 없기 때문이다.

✤ Yes~If 반론법

상대방의 의견에 긍정적인 태도를 취하는 것은 서로 공감 영역을 넓혀주고, 연대감을 느낄 수 있다는 점에서 매우 중요하다.

당신의 의견을 격렬히 반대하는 사람에게 상대의 의견에 동조한다는 인상을 주면 상대방은 자신의 행동을 서서히 반성하면서 감정을 가라앉히게 되고, 더 이상 공격적인 말을 하지 않는다.

반대 의견을 놓고 무조건 정면으로 맞서기보다 상대방의 입장을 수긍하는 태도가 더욱 필요하다.

대화 중 서로 의견이 다르다면 'Yes, ~ If(네, 그럴 수도 있겠습니다. 만약 ~ 하면 어떨까요?)' 화법을 사용하여 원하는 것을 얻을 수 있을 것이다.

"일단은 당신의 의견도 일리가 있다고 봅니다." (상대방의 의견에 수긍한다.)

"만약 이럴 경우는 어떨까요?" (나의 의견 말하기.)

이런 대화의 기술은 상대방의 의견에 무조건 반대하기보다 상대를 인정하는 당신의 마음을 전달하여 상대의 마음을 누그린 후 나의 의견을 제시하여 원하는 것을 얻는 대화의 기술이다.

$\mathscr{S}$cene 11.
원하는 것을
먼저 그려본다

  당신이 누구에게 부탁을 하러 가거나 물건을 팔기 위해 어느 회사를 방문했을 때, 그 상황은 생각만 해도 진땀이 나고 긴장될 것이다.

  당신은 회사의 사활이 걸린 중대한 문제를 협상하기 위해 상대 회사의 실력자와 협상을 해야 할 처지인가? 당신은 사업이 어려워서 대출받기 위해 은행을 방문하여 대출 담당자와 상담을 해야 하는가? 팀장에게 도전하는 부하들에게 팀장의 능력과 권위를 보여주어야 할 입장인가?

  먼저 당신이 만나게 되는 상황을 그려보라. 그리고 성공할 수 있다는 확신을 가지고 상황에 뛰어들라. 그런데 확신이 들지 않는다면 어떤 상황에서든지 당신이 원하는 대로 이루어지는 모습을 그려보라. 그러면 확신이 생긴다.

좀 더 구체적으로 어떻게 해야 확신을 갖을 수 있는지 지금부터 알아보자.

✤ 부탁할 때의 네 가지 마음 자세

첫째, 확신을 갖기 위해서는 사소한 일이라도 최근에 성공한 경험을 상기한다.

최근에 성공한 일을 회상하면 그와 비슷한 일이 아닐지라도 자신감을 갖고 그 일에 도전하게 된다. 자신감은 이미 검증된 능력에 의해서 생긴다.

둘째, 의심이나 두려움에 사로잡혀서는 안 된다. 불안을 느껴 도전하지 못할 가능성을 사전에 없애는 것이다.

'은행에서 대출을 해줄까?'라는 의심을 갖게 되면 불안에 사로잡혀 만나서 제대로 이야기도 하지 못하게 된다.

셋째, 처음 겪는 일이나 낯선 상황을 만났을 때, 편안한 마음을 갖도록 한다.

낯선 상황을 만나면 편안한 마음을 가지지 못하는 것이 인간의 본능이다. 이때는 맞서 싸우거나 회피하거나 둘 중 하나를 선택하게 된다. 처음 겪는 일이지만 낯선 상황을 사전에 숙지하거나 비슷한 경험을 미리 해둔다면 편안한 마음을 어느 정도 가질 수 있다.

넷째, 정신적인 연습을 하라.

주로 운동선수들이 많이 하는 방법인데, 실제 상황을 예상해서 정신적으로 연습을 한다. 예컨대 대출을 받기 위해 은행에 가기 전 면저 대출 담당자가 무슨 말을 할까를 예상하여 연습을 하면 실제 상황을 만나도 당황하지 않고 당당하게 처신하며 말할 수 있다.

그러면 이제 원하는 것을 얻는 상황을 미리 그려보는 방법을 알아보자.

첫째, 실제 상황을 재현해본다.

은행의 대출을 원한다면 은행을 방문하여 대출 담당자와 대화하는 당신의 모습을 재현해본다. 처음 만났을 때부터 대출 서류에 사인할 때까지 전 과정을 그려본다. 이를 통해 당신의 태도와 말이 긴장하지 않고 자연스럽게 이루어질 것이다.

둘째, 원하는 상황을 그려보고 어떻게 대답할지 계획하라.

대화할 때 실수할 만한 말은 무엇인지, 서류 준비에 빠진 것은 없는지, 담당자를 즐겁게 할 수 있는 말은 무엇인지 등을 생각해보라. 먼저 대출 담당자를 만났을 때 인사하는 장면에서부터 당신의 사업을 소개하는 과정, 사업에 대한 담당자의 질문이 어떤 것일지 미리 예상하고 계획을 세워둔다.

마지막으로, 대화에 긍정적인 표현만 사용할 수 있게 반복하여 연습한다.

사업의 전망이 단순히 장밋빛이 아님을 보여줘라. 구체적인 희망과 가능성을 제시하는 말을 여러 번 연습하여 실제 만났을 때 자연스럽게 나올 수 있도록 한다.

미리 그려보는 이런 과정을 거치면 당신의 의심이나 불안은 사라지고 희망과 확신이 생길 것이다.

Scene 12.
원하는 것을 얻는 네 가지 원칙

사회생활에서 아무리 말을 잘해도 대화로 자신이 원하는 것을 얻지 못하면 아무런 소용이 없다. 이제는 적절한 속도와 적절한 기술로 말하여 상대가 수긍하고 당신이 원하는 것을 들어주도록 하는 화술에 대해 알아보자.

다음은 당신의 희망을 실현시켜줄 네 가지 원칙이다.

✥ 희망 사항을 실현시키는 네 가지 원칙

첫째, 긍정적인 상황을 기대하면서 접근한다.

우선 당신의 요구가 받아들여질 것이라는 확신과 낙관적인 생각으로 상대에게 접근해야 한다. 당신이 원하고 있는 것 이상으로 상대가 줄 것이라는 확신을 가지면 주저하지 않고 말할 수 있을 것이다.

둘째, 반대를 예상하고 준비한다.

상대방이 어떤 이유를 들어 반대할지 상상해본다. 또 반대할 때의 논리와 표현이 어떤 것일지를 상상해보라. 상대가 예상하는 것과 반대 의견으로 접근하지 않으면 상대는 귀도 기울이지 않을 것이다.

셋째, 상대의 요구에 맞춰 상대의 언어로 말한다.

당신이 설득해야 하는 상대에게 가장 중요한 것이 무엇인지 파악하라. 돈, 안전, 명성, 지위, 권력 중 어느 것인가를 안 다음, 당신의 제안과 상대가 중요시하는 것 사이에 어떤 관계가 있는지를 파악하여 그 점을 부각시킨다.

넷째, 질문을 던져 상대를 적극적으로 끌어들인다.

질문을 던져 상대의 생각을 자기 스스로 깨닫도록 만드는 것이다. 제안 내용이 어떤 것인지 상대가 머릿속으로 그려본 다음 적극적으로 나올 것이다.

질문은 심장에 화살을 꽂는 것 같아야 한다. 질문을 한 다음에는 잠깐 틈을 준다. 그래야 질문이 심장에 꽂히는 듯한 효과를 줄 수 있다.

질문한 뒤 그 질문에 관하여 당신이 답변하면 안 된다. 질문을 한 다음에는 그에 걸맞은 의견을 제시한다. 그러면 상대는 무의식적으로 당신의 의견에 동의할 것이다.

✖ 윗사람에게 부탁할 때는 작은 것부터 시작하라

윗사람에게 부탁을 해야 할 경우, 작은 것부터 우선 부탁을 한 후 결과를 봐서 다음에 큰 것을 부탁하는 게 좋다. 처음부터 큰일을 부탁받으면 대부분의 윗사람은 부담을 느껴 거절할 것이다.

스탠퍼드대학의 한 사회심리학 교수가 주부들을 대상으로 재미있는 조사를 실시했다. 교수는 주부들에게 전화를 걸어 다음과 같이 말했다.

"저는 시카고 소비자 연맹의 직원입니다. 통계 자료를 얻기 위해 댁에서 사용하는 가정용품에 관하여 우편으로 몇 가지 질문을 하겠으니 응답해주시기 바랍니다."

주부들이 승낙하자 '부엌에서 사용하는 비누는 어떤 것인가?'로 시작해서 대답하기 쉬운 질문부터 몇 가지 우편으로 보냈다.

그리고 며칠 후에 다시 전화를 걸어 이렇게 질문했다.

"지난번에 대단히 감사했습니다. 이번에는 지난번의 조사를 확대하는 차원에서 우리 직원이 댁을 방문하고자 하오니 식당과 창고 등 여러 곳을 자유롭게 보실 수 있도록 해주셨으면 합니다."

이런 무리한 부탁에도 무려 52퍼센트가 응답해왔다.

위의 예에서 알 수 있듯이 부탁은 우선 작은 것부터 해야 한다. 그런데 우리 주변에 무리한 부탁을 했다가 거절당하는 경우가 수없이 많다. 특히 윗사람에게 부탁할 때에는 작은 것부터 하는 것이 효과적임을 다시 한 번 명심하라.

Communication Point 3.

사람을 얻는 대화의 기술

원하는 것을 많이 얻으려면 사람부터 얻어야 한다. 사람을 얻는다는 것은 상대의 마음을 얻는 것이다. 상대의 마음을 사로잡으면 당신이 원하는 것 이상의 것을 얻을 수 있다.

success   glory   gold

Scene 1.
상대는
당신의 입보다 귀를 원한다

　자신이 원하는 것을 잘 얻는 사람들은 흔히 말을 잘한다고 생각하지만 의외로 그들은 상대의 이야기를 잘 들어주고 질문을 잘한다. 자신의 일을 추진하기 위해서는 상대의 이야기를 진지하게 듣고 상대가 어떤 생각을 가지고 있는지 알아야 하기 때문이다.

　상대방을 진심으로 내 사람으로 만들고 싶다면 마음으로 듣고, 진심으로 공감하고 반응해야 한다. 만일 상대방의 마음을 굳게 닫아버리고 싶다면 계속 당신의 이야기만 하라. 상대는 당신의 입을 원하지 않고 귀를 원한다.

　상대방을 인정하고 대화를 시작해야 한다. 또한 귀로만 경청하는 것이 아니라 눈으로, 입으로, 손으로, 온몸으로 반응하는 순간 당신과 상대방 사이의 거리는 상당히 좁혀질 것이다.

　사람은 누구나 인정받고 싶고 자신을 이해해주기를 바라는 욕구를 지니고 있다. 이런 욕구를 채울 수 있는 방법은 먼저 상대의 이야기를 잘 들어주는 것이다. 또한 상대의 이야기를 잘 들어주면 상대에게 '뭔가 좀 다르다'는 인상을 심어줄 수 있다. 왜냐하면 요즘 상대의 이야기를 차분히 들어주는 사람이 많지 않기 때문이다. 상대의 이야기를 들어주는 것만으로도 동료나 상사로부터 고마움을 느끼며 호감을 얻고 신뢰를 얻게 된다.

당신에게 이야기를 하면 모든 일이 쉽게 풀리는 느낌을 갖는 동료나 부하, 상사가 있는가? 그렇다면 그 사람에게 무한한 신뢰를 얻을 뿐더러 그 사람은 언제나 당신의 편이 될 것이다.

✱ 상대의 대화를 잘 들어주는 방법

상대의 이야기를 잘 들어주는 몇 가지 방법이 있다.

첫째, 대화의 주제를 상대에게 맞춘다.

내 이야기는 최소한 줄이고, 주로 상대방의 이야기를 유도한다.

"바쁘셔서 피곤하실 텐데 항상 건강하시네요."

"최근에 여행 다녀오셨어요?"

이렇게 대화를 시작하여 상대가 대응하기 쉬운 화제를 가지고 이야기한다.

둘째, 상대의 이야기에 적극 호응한다.

이야기 듣는 중에 "아, 그렇습니까?" 하는 식으로 상대의 말에 관심과 공감을 표한다.

셋째, 표정을 다양하게 하여 상대와 시선을 맞추며 이야기한다.

기쁨, 놀라움, 감동 등의 표정이나 몸짓으로 당신의 감정을 나타내라. 대화를 할 때에는 상대의 눈을 보고 한다.

넷째, 열심히 듣고 있는 자세를 보여준다.

온몸으로 열심히 듣고 있음을 보여준다.

다섯째, 적당하게 맞장구를 친다.

이야기를 들으면서 "예, 예" 하거나 "아, 그렇군요" 하는 등 적당히 장단을 맞추어준다. 맞장구를 쳐줌으로써 대화의 흐름을 원활하게 만들어줄 뿐만 아니라 상대가 당신이 이해하고 있다고 생각하여 계속 이야기를 하게 된다.

여섯째, 중간에 이야기를 끊지 않는다.

상대가 이야기를 멈출 때까지 차분히 들어준다. 질문은 이야기가 어느 정도 끝났음을 확인한 후에 한다.

일곱째, 적절하게 질문을 던진다.

대화는 상대가 원하는 방향으로 이끌어가야 한다. 이야기를 다 듣고 난 후에는 요점을 정리하는 의미로 적절하게 질문을 한다.

마지막으로, 잘 듣는 능력을 개발한다. 그러면 모든 인간관계가 개선되고 더 좋은 상사, 더 좋은 배우자, 더 좋은 부모가 될 것이다.

당신은 당신의 말을 잘 들어주는 사람에게 어떻게 하는가? 그가 내 상사, 또는 부하가 되었다는 것에 감사함을 느낄 것이다. 그래서 그가 원하는 것은 가능한 한 들어주려고 노력할 것이다. 이제 당신도 다른 사람에게 그런 존재가 되어야 할 것이다. 그래야 사람을 얻을 것이다.

✳ 말하는 태도와 듣는 태도

우리는 일상생활에서 때로는 말하는 사람이 되기도 하고, 때로는 듣는 사람이 되기도 한다. 프레젠테이션이나 강연에서 말하는 사람과 듣는 사람이 분명히 정해진 경우와는 달리 서로 교대하면서 이야기를 나눈다.

그런데 일상의 대화에서 듣는 사람의 위치에 있을 때 상황에 따라서는 계속 들어줄 줄 알아야 할 경우도 있다.

예를 들어보자.

> A 사원 : 우리 팀장은 너무 사소한 일에 신경을 서서 짜증나.
> B 사원 : 무슨 말인지 아는데, 나도 지난번에 그런 일이 있었거든.

위의 대화에서 A 사원은 팀장에 대해서 불만을 말하고 싶어 하고, B 사원은 자신의 경험담을 말하고 싶어 한다. 즉, 서로 말하는 사람의 입장에 서려고 하는 것이다. B 사원의 이런 방법으로는 A 사원의 기분을 충족시키지 못한다. 그래서 A 사원은 C 사원에게 같은 내용의 말을 했다. 그러자 C 사원은 이렇게 말했다.

> C 사원 : 팀장은 당신을 염려해서 그렇게 걱정하고 있는 거야. 다 잘
> 되라고 그런 거야.

그런데 결국 C 사원도 A 사원이 하고 싶어 하는 말을 차단해버리는 결과를 초래했다. 여기서 C 사원은 자신이 말하고 싶은 것을 말

함으로써 역시 말하는 사람이 되어버린 것이다.

만약 당신이 A 사원에게 원하는 것을 얻기 위해 A 사원의 기분을 충족시켜야 할 입장이라면 어떻게 하겠는가?

우선 A 사원에게 "무슨 일인데?" 하고 물어본다. 그러면 A 사원은 "실은 어제 말이야" 하며 이야기를 풀어갈 것이다. 그러면 당신은 먼저 듣는 사람이 되어 상대방이 계속 이야기를 할 수 있도록 배려하고 A 사원에게서 호감을 얻어, 결국 원하는 것을 이룰 수 있을 것이다.

이때의 핵심은 '나'를 드러내지 않는 것이다.

그러면 '나'를 드러내지 않으려면 어떻게 해야 할까?

자신의 이야기를 줄이고 상대방의 이야기에 주의를 기울이면 된다. 대화할 때 이런 방법을 염두에 두면 대화의 달인이 될 수 있다.

거듭 말하지만 대부분의 사람은 듣기보다는 말하기를 좋아한다. 그래서 남이 이야기할 때 그것을 잘 듣고 있기보다는 내가 말할 기회를 잡으려고 한다.

예를 들어보자. 상대가 "나 어제 은행에 갔었는데, 글쎄 말이야" 하자, 당신이 "그래? 나 은행에 안 간 지가 너무 오래되어서 말이야" 하고 응답했다고 치자. 언뜻 들으면 당신과 상대는 대화가 통하는 사이처럼 보이고, 즐거운 대화를 한 것처럼 보인다. 그러나 사실은 서로 자기 이야기만 하고 상대방의 이야기는 듣지 않고 있는 것이다.

이런 사이가 지속되면 당신과 상대방 사이는 어느 한순간 불만을 품고 결국 두 사람의 관계는 소원해질 것이다.

이런 대화가 비즈니스 현장에서 벌어진다면 고객과 담당자가 서로 자기 주장만 하게 되므로 상담은 당연히 진행되지 않을 것이다.

따라서 당신이 원하는 것을 얻는 대화가 되게 하려면, 당신은 당신 자신을 드러내지 않도록 주의하고 상대방 중심으로 대화를 이끌어야 한다.

상대방 이야기에 맞장구를 칠 때 "그렇구나! 그래서"는 상대방 중심의 맞장구이지만, "그렇구나, 나도 말이야" 하는 식은 맞장구가 아니다.

대화에서 당신이 원하는 것을 얻으려면 '나'를 최대한 억제해야 한다.

Scene 2.
잘 듣기 위한 자세와 보디랭귀지

보디랭귀지란 비언어적 의사소통이라고 할 수 있다. 알다시피 손과 발 등 몸짓으로 표현하는 게 보디랭귀지다. 미국의 심리학자 앨버트 메르비안은 "사람이 찬성 혹은 반대 의사를 표할 때, 그 전달에 영향을 미치는 비율은 언어가 7퍼센트, 목소리와 톤이 38퍼센트, 태도나 표정 등 보디랭귀지가 55퍼센트였다"며 실험 결과를 제시했다. 이것은 보디랭귀지가 그만큼 중요하다는 것을 의미한다. 이 수치가 정확한지 아닌지를 떠나 대화에서는 말이 전부가 아니라는 것을 알아야 한다.

✖ 잘 듣기 위한 태도 세 가지
앞장에서 잘 듣는 대화의 방법에 대해 설명했는데, 그에 따른 잘 듣기 위한 태도의 중요성은 아무리 강조해도 지나치지 않다. 잘 듣기 위한 바람직한 태도는 다음의 세 가지로 요약할 수 있다.

첫째, 상대를 응시하라.

대화를 할 때는 하던 일은 멈추어라. 펜과 종이를 놓아라. 시선을 모니터에서 떼어 상대를 바라보라. 이런 자세 자체는 '다른 것보다 당신과의 대화가 더 중요하다'는 것을 보여주는 것이다. 이런 자세를 취함으로써 당신 자신에게도 상대가 중요하다는 점을 인식시키게 된다.

둘째, 눈썹을 올린다.

눈썹을 올리고 시선을 맞춰라. 얼굴 표정은 밝게 하라. 멍한 표정은 상대를 불쾌하게 만든다. 왜냐하면 상대에게 무관심한 인상을 주기 때문이다. 시선을 오락가락하지 말라. 상대의 얼굴에 시선의 초점을 맞추고 눈썹을 치켜세우면 상대에게 호기심이 있다는 것을 나타낸다.

셋째, 몸을 앞으로 당겨라.

의자 끝 쪽에 앉아라. 이것은 상대에게 조금 더 가까이 다가간다는 표시다. 즉, '당신을 위해 내가 존재한다'는 의사 표현이다. 이렇게 다가앉을 때 좋은 점은 상대가 화나더라도 소리를 지르지 못하고, 까다롭게도 굴지 못한다는 것이다.

✤ 들을 때 유의해야 할 자세

우리는 대화 시 '듣기'와 '말하기'를 반대 개념으로 생각한다. 그래서 말하기는 능동적이고 적극적이며, 듣기는 수동적이고 소극적이라고 생각한다.

그러나 다른 사람과 대화를 할 때 듣는 사람도 가만히 있는 것은 아니다. 만약 그냥 듣기만 하고 아무런 반응을 보이지 않는다면 아마도 상대는 이야기하고 싶은 생각이 금방 사라질 것이다.

따라서 대화를 할 때 기분이 나고 안 나고는 듣는 사람에게도 크게 영향을 받는다. 상대에게 원하는 것을 얻기 위해서 상대의 이야기를 들어줄 때 유의할 점은 다음과 같다.

- 양팔을 끼거나 다리를 꼬지 않는다. 이것은 거부감을 나타내거나 잘난 척하는 자세다. 손발을 쓸데없이 움직이지 않는다. 손으로 얼굴을 만지작거리거나 필기도구로 장난치거나 다리를 흔들지 않는다.
- 시선을 다른 곳에 두지 않는다. 상대방의 얼굴에서 너무 떨어지면 상대방은 당신이 대화에 관심이 없다고 생각한다.

Scene 3.
놀림을 피할 수 없다면
한패가 되라

사회생활을 하다 보면 자신의 약점이나 핸디캡으로 인하여 주위로부터 놀림을 당하는 난감한 상황에 처할 때가 있다. 이럴 때 화가 치밀어오르지만, 그렇다고 무작정 화풀이를 할 수만은 없다. 이런 상황을 이기는 방법은 미리 대비하여 유머 기법을 익히는 것이다.

어느 유명한 배우가 연회장에서 극작가인 버나드 쇼의 마음을 사로잡으려고 의미 있는 말을 하였다.

"선생님의 두뇌와 제 용모를 합치면 얼마나 훌륭한 아이가 태어날까요?"

그러자 버나드 쇼는 한숨을 쉬면서 곧장 이렇게 받아쳤다.

"당신의 머리와 내 이 빈약한 몸이 만나면 도대체 어떤 아이가 태어날까요?"

버나드 쇼처럼 상대가 한 말을 바꾸고 또 바꾸어서 유머를 곁들여 대응하면 상대가 반감을 느끼지 않는 적절한 방법이 된다.

그런데 이 경우 두 가지를 이어 붙여서 웃음을 유발하는 기법인데, 불가능할 것 같은 말을 이어붙이기 때문에 웃음이 나온다.

이 기법을 사용하기 위해서는 재치도 있어야 하고 유머 감각도 있어야 한다. 그러므로 어느 정도의 준비가 필요하다.

공격을 당할 때마다 재치와 유머가 나오는 사람은 많지 않다. 보통 사람들로서는 꾸준히 준비하는 길밖에 없다. 평소 어떤 공격을 받았을 때 어떤 말을 이용하면 좋을지를 생각하고 그런 상황을 상상하여 연습해두면 큰 도움이 될 것이다.

✸ 모든 공격을 좋은 말로 바꾸어 대응할 수는 없다

상대의 공격을 나 자신의 말로 옮기기 위해서는 긍정적인 해석을 가능케 할 연결고리가 필요하다. 그러나 어떤 공격은 도저히 옮기기 불가능한 경우도 있다. 예를 들어 '자폐아!', '정박아!' 같은 말은 도저히 좋게 옮길 수가 없는 말이다.

설령 대응할 마땅한 말이 있다고 할지라도 이렇게 심한 공격을 받고도 부드러운 말로 장난처럼 대응한다는 것은 별로 추천할 만한 것이 못 된다.

그러나 긍정적으로 해석하면 상대의 예리한 공격을 부드럽고 장난말처럼 대하면 상대는 공격의 의미를 상실하게 된다.

✖ 비교하여 깎아내릴 때

상대의 공격에 유머를 곁들여 대응하는 기법은 특히 상대가 나를 자신과 비교하여 공격할 때 사용하는 기법이다.

✖ 자신의 장단점을 정확히 알라

대화에서 이기는 사람은 자신의 장단점을 정확히 알고 있다. 따라서 어떤 상황에서도 당황하지 않으면 결정적 순간에 상대를 제압할 수 있다.

세상에 완벽한 사람은 존재하지 않는다. 따라서 어느 누구에게나 약점은 반드시 있게 마련이다. 당당한 사람은 자신의 약점을 순순히 받아들인다. 다시 말해 약점을 포장해서 감추지 않고 그 약점에 대처할 길을 찾는다.

자신의 약점으로 인해서 콤플렉스를 느끼지도 않고, 그렇다고 약점을 부정하려는 태도도 취하지 않는다. 주변 사람들에게 부당한 대우를 받거나 비판을 받을 수 있기 때문이다.

Scene 4.
무례한 사람에 대한 대응 방법

  우리 주위에는 무례한 사람이 많다. 오늘날 인성교육보다 입시 위주의 교육이 시행되면서 예의와 도덕을 경시하는 풍토가 난무한 탓이다. 그런데 사실, 요즘뿐만 아니라 무례한 사람은 시대를 막론하고 있게 마련이다. 가시가 담긴 그들의 말을 이겨내려면 정신적으로 단단히 무장해야 한다.

  상대의 말에 맞는 부분이 있다면 억지로라도 미소를 지으며, "그 말이 맞다"고 맞장구를 쳐줄 수 있다. 문제는 상대의 말에 말려들어 상대의 공격이 두 번 세 번 이어지지 않게 하는 것이다. 그러기 위해서는 잠시 입을 다물었다가 화제를 다른 것으로 돌려야 한다. 예를 들어보자.

  영업부의 미스터 김은 입을 다물고 있다. 팀장은 화가 나서 소리를 질렀다.

"내가 지금까지 데리고 있던 직원 중 자네가 제일 무능해!"

그래도 미스터 김은 묵묵부답이었다.

"자네, 어떻게 현금의 흐름을 순이익이랑 헷갈릴 수 있어? 자네 돌대가리야?"

그래도 미스터 김은 꿀 먹은 벙어리가 되어 아무런 대답을 안 했다.

"자네, 우리 영업부에 망신 주려고 일부러 그랬어?"

역시 그는 묵묵부답이었다.

"뭐라고 말 좀 해봐! 할 말이 없어? 이런 짓을 해놓고?"

그래도 그는 끝까지 입을 다물었다.

"왜 아무 말도 안 해? 아무런 상관도 없다는 거야?"

그제야 비로소 미스터 김이 입을 열었다.

"그건 절대로 아닙니다."

그러자 조금 누그러진 팀장이 말을 계속했다.

"그럼 설명해봐! 어떻게 했기에 그게 바뀌었냐고?"

✽ 침묵이 때로는 좋은 방법이다

정말로 무례하고 공격적인 말을 들었다면 굳이 대답할 필요가 없다. 왜냐하면 침묵은 금이며, 잘못 인용되는 일이 없기 때문이다. "그런 질문에 대답을 하지 않겠다"는 말도 할 필요가 없다.

대신 화제의 방향을 돌려라. 어느 톱 여배우는 한 예능 프로그램에 출연하여 젊은 사람과의 염문설에 대한 MC의 질문에 침묵했고,

대답 대신 자신이 출연했던 드라마 중 상대 배우가 연하였을 경우를 말하며 정면 대응을 피해 갔다. 좀 더 건설적인 방향으로 적절하게 화제를 전환한 것이다.

✵ 때로는 무례함을 지적하라

자기 자신을 천박하다거나 불공정하다고 생각하는 사람은 없다. 따라서 다른 사람에게 피해를 준 행동을 했을 경우에도 자기 자신이 저지른 행동에 대해 합리화하려 하고 숱한 억지 자료를 동원하여 자신의 무고함을 증명하려 한다. 자기의 잘못이 지적당하지 않을 때까지 자신이 가장 친절하고 공명정대하다고 생각하면서 자존심 뒤에 숨어버리는 것이다.

인간은 자기의 처지가 약하다고 느끼면 힐책이나 비판의 말을 받아들일 여유가 없어진다.

이런 유형의 사람들은 외골수로 살아왔기 때문에 자신의 잘못에 대해선 극구 변명하고 지인들의 충고 따위는 무시해버려 결국 고독해지는 경우가 많다.

이렇게 자신을 합리화하고 지극히 당연한 것도 변명으로 일관하는 상대에게는 설득의 방법은 아무런 효과가 없다. 이들의 변명이란 다른 변명을 생각하기 위한 것이므로 상대방을 당신의 뜻대로 움직이게 하기 위해서는 단도직입적이고 직설적인 방법을 사용해야 한다.

무지한 사람에게는 무지함을 알리고, 무례한 사람에게는 무례하다는 사실을 공개적으로 비난해도 무방하다.

　이런 사람에게는 단둘이 있을 때 힐책이나 비난을 해봐야 공염불에 지나지 않는다. 그러나 공개적으로 비판하면 당신의 비판과 상대의 변명을 공개석상에서 공정히 심판받게 되므로 더 이상 변명을 하지 않게 된다.

Scene 5.
화내는 사람에 대한 대응 방법

분노는 힘의 자랑인 동시에 무력함의 표출이다.

화를 내는 사람이 힘없는 사람에게 분노를 터뜨릴 때는 분노가 힘의 자랑이 된다. 그러나 화를 내는 사람은 무력하다. 자기의 의지대로 안 되니까 화를 내는 것인데, 이는 곧 무력함의 표출이다.

분노는 축적된 에너지다. 분노는 분노를 터뜨리는 사람이 비록 부정적인 뜻을 가지고 있지 않을지라도 부정적인 측면으로 작용하는 경우가 많다. 자기 이성대로 하지 못하고 분노에 끌려 다니기 때문에 부정적인 작용을 하는 것이다.

하지만 이렇게 자제력을 잃기까지는 몇 가지 요인이 축적되어서 작용한다. 일단 너무 화가 나니까 분노한다.

대부분의 사람은 일이 제대로 되지 않을 때, 누가 고의로 방해를 해서 희망이나 기대가 무너질 때 화를 낸다. 그리고 그렇게 화가 났음에도 어찌할 바를 모르고 달리 방법이 없을 때 이런 감정이 내면의 에너지와 합쳐서 화가 폭발하는 것이다.

✱ 분노의 대상이 필요하다

분노의 특징은 항상 터뜨릴 대상을 필요로 한다는 점이다. 즉, 사물이든지 상황이든지 아니면 사람이든지 대상을 향하게 되어 있다.

그런데 분노는 예전부터 조금씩 쌓인 화가 어느 순간에 폭발하기 때문에 분노의 대상은 크게 잘못이 없는데도 폭발하는 경우가 많다.

물론 그 대상은 크든 작든 잘못을 저지를 수도 있다. 그러나 그것이 폭발의 원인은 아닌데도 대상의 되어 희생되는 경우가 많은 것이다.

✱ 분노는 어떻게 반응할까?

누군가 자기 앞에서 화가 나서 소리를 지르고 있는데, 평상심을 유지할 사람은 많지 않다.

그러면 상대가 화났을 때 반응은 어떻게 나타날까? 상대가 화났을 때 사람들이 반응하는 것은 두 가지 경우다.

첫째, 같이 화를 내어 소리 지른다. 그래서 싸움이 일어난다.

둘째, 화가 나지만 상대의 화가 풀릴 때까지 꾹 참는다.

✤ 화가 난 사람들을 대하는 방법

상대가 화를 내면 당연히 화나는 게 인지상정이다. 특히 아무런 잘못이나 죄가 없는데도 화를 내면 화나게 마련이다. 그래서 반박하다가 같이 화를 내고 소리를 지르다가 시간이 지나면서 마침내 자제력을 잃게 된다.

결과는 서로에게 크나큰 상처만 주게 된다. 상대의 분노는 점점 더해가고 그만둘 수 없는 지경에 이른다. 어느 한쪽이 양보해서 자리를 비켜가기 전에는 상황은 돌이킬 수 없는 지경에 이르고 두 사람의 인간관계는 파멸에 이른다.

그렇게 싸움이 끝나고 나면 관계 복원은 힘들어진다. 이렇게 한 번의 싸움으로 영원히 끝날 수도 있는 게 인간관계다.

화가 난 팀장이 소리를 지른다.

"미스터 김! 나한테 할 말 있어? 정신이 있는 거야, 없는 거야? 영업부에 메일을 어떻게 보냈기에 이 모양이야? 돌아버리겠네!"

미스터 김이 한마디를 한다.

"팀장님, 돌아버리면 안 됩니다."

팀장의 목소리가 더 커진다.

"미스터 김! 나하고 농담 따먹자는 거야? 이거 뭐야?"

"팀장님이 할 말 없냐고 말씀했잖아요?"

"뭐? 저리 꺼져! 넌 내가 자른다!"

✖ 대꾸하는 것은 금물이다

상대가 화나서 소리를 지르고 있을 때 순발력으로 대응하는 것은 잘못이다. 이런 경우 대꾸는 자제해야 한다.

이럴 때 순발력으로 대응하는 것은 불난 집에 휘발유를 끼얹는 것과 같다. 그뿐만 아니라 상대가 물고 늘어질 근거를 제공해주는 것에 불과하다. 화가 난 상대는 어떤 소리라도 할 수 있다. 순발력으로 대응해보았자 결국 트집만 잡힐 뿐이다.

✖ 일정한 거리를 두어라

상대가 화나서 소리를 지르고 있는데 참고 있기란 참으로 힘들다. 왜냐하면 다 같은 감정이 있는 사람이기 때문이다. 그런데도 참고 있어야 하는 경우에는 치욕이 느껴지고 '이렇게까지 참으며 먹고살아야 하나?' 하는 자괴감도 들 것이다.

앞선 예처럼 상대가 나보다 높은 자리에 있는 직장 상사라면 대항할 수도 없고 참아야 하니 속이 부글부글 끓어오를 것이다.

직장생활을 해본 사람은 누구나 한두 번쯤 이런 경험을 했을 것이다. 더욱 기가 막히는 것은 당신이 아무 잘못도 하지 않았는데, 상대가 당신을 골라 화풀이를 한다는 것이다. 그러니 화가 치밀 수밖에 없다.

그러나 당신은 교양인이다. 상대의 실수를 지적하는 방법은 여러 가지가 있다. 소리를 지르고 분노 표출을 안 해도 얼마든지 이성적으로 말할 수 있다. 그러나 상대가 이성을 잃고 화가 나서 자신의 감정을 절제하지 못하여 씩씩거리고 소리를 지르자면, 같이 소리를 지르고 화를 내어서는 안 된다.

특히 화가 나서 당신의 얼굴을 향하여 분노의 펀치를 날릴 때에는 어떤 명언이나 진리도 소용이 없다. 화를 내는 상사를 향하여 건설적인 말을 해도 소용이 없다.

그런 상황에서 필요한 것은 냉정을 잃지 않고 일정한 거리를 두는 것이다.

상대가 화를 내며 소리를 지르거든 가만히 기다려라. 흥분하지 말고 상대와 거리를 두어라. 그리고 두꺼운 방패의 벽을 쌓아라. 고함소리도, 분노의 몸짓도 그 방패의 벽을 뚫지는 못할 것이다. 물론 겁먹은 표정을 짓고 있어서는 절대로 안 된다. 최대한 평소의 자세를 유지하려고 노력하라.

✢ 화를 풀어주는 세 가지 비법

상대가 화나서 길길이 날뛰거나 소리를 지르는 상황을 벗어나려고 할 때 다음의 세 가지 원칙을 지키면 된다.

첫째, 잘못을 솔직히 인정한다.

잘못을 인정할 때 빙빙 돌려서 하거나 변명을 하지 않고, 순순히 잘못을 그대로 인정하는 것이다. 이리저리 말을 빙빙 돌리면서 핑계를 대봐야 상대는 더욱 화만 난다. 솔직히 잘못을 인정하고 시정하겠다고 하면 상대는 더 이상 할 말이 없을 것이다.

대개 사람들은 잘못을 했다는 그 말 한마디를 못해서 인간관계가 깨져버린다. 잘못했다는 말 한마디에 자신의 자존심이 전부 걸려 있는 것으로 착각하기 때문이다.

둘째, 모욕에 대해 논쟁하지 말라.

사람이란 누구나 화를 내면 욕설이나 인격적으로 모욕하는 말을 하게 마련이다. 따라서 그런 말을 들었더라도 한쪽 귀로 듣고 한쪽 귀로 흘려보내는 것이 좋다.

그렇다고 해서 상대의 모욕적인 말에 당신의 자존심을 버리고 굴복하라는 뜻은 아니다. 중요한 것은, 상대는 지금 화가 나서 미쳐 날뛰고 있는데, 당신이 참지 못하고 상대의 모욕적인 말에 대꾸를 해봐야 흥분의 소용돌이에 함께 휩쓸리고 만다는 것이다. 그렇게 해봐야 상대의 분노만 더 증폭시킬 뿐이다.

셋째, 상대의 눈길을 자기 자신에게 돌리도록 하라.

화난 사람은 겉보기와는 다를 수 있다. 화가 나면 외부를 생각하는 마음은 없어지므로 예의와 배려를 기대할 수 없다. 따라서 상대가 이성을 되찾게 하려면 상대의 눈길을 자기 자신에게로 돌리게 하라.

이렇게 상대의 눈길을 당신이 아닌, 자기 자신에게 돌리도록 만들기 위해서는 어떤 말을 들더라도 최대한 평정심을 유지한 채 이렇게 말하면 된다.

"팀장님, 좀 흥분하신 것 같습니다."

"화가 너무 나신 것 같습니다."

단 "왜 그렇게 소리를 질러요?" 하는 식으로 대응해서는 안 된다. 보고 들은 것을 그대로 말해야 한다.

Scene 6.
대화를 생기 있게 이끌려면 유머를 사용하라

전 영국 수상 처칠이 80세를 넘긴 어느 날 한 파티에 참석했을 때의 일이다.

어느 부인이 반갑게 달려오더니 처칠의 바지 남대문이 열려 있는 것을 보고 짓궂게 말했다.

"총리님, 남대문이 열렸어요. 이 일을 어쩌죠?"

그러자 처칠 수상은 이렇게 말했다.

"굳이 걱정할 것 없어요. 이미 죽은 새는 창문을 열고 나올 일이 없을 테니까 말입니다."

그 말에 그 부인은 물론 주위의 사람들은 박장대소했다.

처칠은 농담으로 자신의 난처한 상황도 모면하고, 주위의 사람들에게 웃음을 주었다.

❉ 필수가 된 유머

오늘날 유머는 사회생활을 하는 데 필수가 되고 있다. 얼마 전 삼성경제연구소에서 대기업의 CEO를 상대로 유머에 관한 설문 조사를 했다. '유머가 풍부한 사람을 우선 채용하고 싶은가?'라는 설문에 '그렇다'라고 대답한 CEO가 77퍼센트나 되었다. '유머가 생산력 향상에 도움이 되는가?'라는 설문에 '그렇다'라고 대답한 CEO는 81퍼센트에 이르렀다. 이 조사에 의하면, 우리 사회는 이제 유머가 풍부한 사람을 원하고 있는 것이다.

이제 유머는 단순한 우스갯소리가 아니다. 대화를 매끄럽게 하는 윤활유이자 상대를 편안하게 하는 마법의 화술이다.

오늘날 많은 사람이 선호하는 대화방식은 일방적인 '설득형'이 아니라 말 그대로 '대화형'이다. 따라서 상대를 가볍게 웃기고 미소 짓게 하는 능력이 필요하다.

그러면 사람을 웃기면서 사람을 얻는 유머의 조건은 무엇일까?

첫째, 공감대를 형성할 수 있어야 한다.

혼자만 재미있는 것이 아니라 다른 사람들에게도 공감을 줄 수 있는 얘기라야 한다. 나 혼자 웃는 유머는 썰렁한 말장난에 지나지 않는다.

둘째, 시의적절해야 한다.

유머도 눈치를 보며 해야 한다. 남들이 진지하게 이야기하고 있는데, 웃기겠다며 이야기를 끄집어냈다가는 분위기만 망칠 것이다.

셋째, 주제와 연관성이 있어야 한다.

아무리 재미있는 이야기일지라도 주제와 관련이 없으면 생뚱맞은 소리에 불과하다. 잘못 사용했다가는 실없는 사람으로 낙인찍힌다.

이 세 가지가 유머 사용 시 반드시 염두에 두어야 할 조건이다. 이 세 가지에 의거하지 못하면 유머를 사용하지 않는 것만 못하다.

공적인 자리에서 유머는 잘해야 본전이다. 잘못 사용했다가는 정말로 분위기를 망친다. 유머는 잘 쓰면 약이 되지만, 잘못 쓰면 독이 된다.

사람을 얻기 위해서는 무작정 웃기는 능력이 아니라 상대가 당신을 센스 있는 사람으로 인정할 수 있는 정도의 유머가 필요하다. 유머 감각이 선천적이라고 하지만, 일상생활에서 유머를 많이 사용하기 위해서 다음과 같은 점을 알고 있으면 유머가 넘치는 대화를 할 수 있다.

- 사소한 익살, 즉 말놀이를 많이 사용하도록 한다.
- 자신을 객관적으로 보는 습관을 들여, 자신의 일을 타인의 이야기처럼 재미있게 표현한다.
- 과장한다.
- 실패담에도 유머의 측면이 있다. 그런 실패담을 말한다.
- 일부러 웃음을 만든다.
- 다시 돌려준다.

"과장님은 사람을 다루는 기술이 좀 거칠어요."

"피차 마찬가지야. 자네는 돈을 다루는 기술이 좀 거칠지."

- 사람을 웃기고 그 자리에서 매듭짓는다.

Scene 7.
어려울 때
함께하는 사람이 되라

살다 보면 어려움이나 고통을 호소하는 친구 혹은 이웃이 있다. 이들이 당신을 찾아와서 자신의 어려움을 호소할 때 당신이 어떤 태도를 취하느냐에 따라 그 사람을 얻기도 하고 잃기도 한다.

대부분의 사람은 "좋은 쪽으로 생각해봐", "내일이면 기분이 좋아질 거야. 오늘 하루만 참아봐"라고 위로한다.

그런데 이들이 이런 말을 듣고 정말 위로를 받을까? 아니다. 오히려 섭섭하게 생각한다.

고통을 호소하는 사람 대부분은 이해나 동정이 아닌 '공감'을 원한다.

공감을 나타내려면 상대의 말에 더 명료하고 확실하게 바꿔서 말해야 한다. 다시 말해서 상대방의 생각이 움직이는 방향을 따라가는 것이다. 상대의 문제나 고민에 대해서 탄식과 함께 반복해준다.

대학교에 다니는 내 딸이 어느 날 침울한 표정을 하고 있어서 내가 그 이유를 물었다. 그러자 딸은 "저는 친구가 하나도 없어요"라고 했다. 고등학교 다닐 때 사귄 친구 말고는 대학에 가서 아직도 친구를 사귀지 못했다는 것이다.

만약 이때 내가 "아니, 친구 한 명쯤은 있겠지?"라고 말했다면 딸은 분명히 자기 마음을 몰라준다고 섭섭해했을 것이다. 그래서 나는 "친구가 하나도 없다고 느끼는구나"라고 말해줬다. 나는 딸의 마음을 거울처럼 비추도록 하기 위해 되물은 것이다. 그랬더니 딸은 마음에 담아두었던 말을 했다.

"우리 과에 같은 학번이 30명이나 되는데, 어느 누구도 나에게 말을 걸지 않아요."

나는 다시 딸이 한 말을 되받아 물었다.

"그러니까 네 과의 애들이 네게 관심을 가지지 않는다, 이거지?"

"그래요. 과 애들과 어울리지 못하니까 아예 존재하지 않는 것 같은 느낌이 들어요."

이런 과정을 거듭하며 결국 딸은 카타르시스를 느끼게 되었다.

공감은 기운을 북돋아주거나 새로운 해결책을 제시하려 들지 않고 그저 상대의 말을 들어줌으로써 상대가 문제를 똑바로 보도록 도와주는 것이다.

따라서 공감해주는 사람에게 마음의 고통을 털어놓는 것만으로도 긴장을 해소하거나 해결할 준비를 하게 되는 것이다.

✖ 상대를 위로할 때

힘들고 지친 이에게 위로가 능사는 아니다. 지나친 위로는 상대를 초라하게 만들거나 불편하게 할 수도 있다. 동정심도 필요하지만 상황을 가볍게 만들 수 있는 지혜가 필요하다.

절친한 친구, 직장 동료, 가족까지도 나와 함께 동고동락하는 이들이 곤란한 처지에 놓일 때가 있다. 느닷없이 벌어진 일로 좌절과 절망 속에서 고통스러워하는 이들 앞에서 우리는 어떻게든 위로를 하기 위해 안절부절못할 때가 많다.

'네 심정을 전부 알 수는 없지만, 나도 이해는 하고 있어.'

속으로 이렇게 말하며 상대의 무너진 어깨를 어루만지고 등을 감싸 안고 토닥여준다.

업무에서 실수를 해 상사에게 지적을 받아 의기소침할 때, 열심히 노력했는데도 원하는 대로 일이 되지 않았을 때, 잔뜩 기대하고 있던 승진 심사에서 물을 먹었을 때, 애써 위로하려고 하지 말라.

위로가 최고의 해법은 아니다. 오히려 부작용을 일으킬 수도 있다. 특히 위로를 한답시고 여러 사람이 다들 한마디씩 동정의 말을 하면 받는 사람의 입장에서는 한없이 처량해질 수 있다. 이럴 때는 동정심이 깔린 위로를 보내기보다 별것 아닌 상황으로 가볍게 만들 줄 아는 지혜가 필요하다. 자연스럽게 상황을 반전시키는 능력을 가져야 한다.

진정한 대화의 고수는 말 한마디로 분위기 자체를 바꿀 줄 아는 사람이다. 모든 사람이 중요하다고 여기는 것을 말 한마디로 별것 아니게 만들고, 별것 아니라고 치부하는 것들을 중요한 것으로 뒤

집는다. 난감한 상황을 바꿀 수 있는 기분 전환용 멘트를 써보자.

승진 심사에서 누락된 동료에게 "어떡하니, 힘내!"라는 말보다는 "승진 누락된 걸 가지고 뭘 그리 신경을 쓰냐! 남보다 먼저 임원이 될 녀석이" 하며 등 한번 툭 치고 지나치는 센스가 더 효과적일 것이다.

장례식장에서 상주의 손을 잡고 "너, 힘들어서 어떡하니? 얼른 힘내!"라고 하는 평범한 위로보다는 "얼른 기운 차리고 회사에서 보자. 네가 없으니 사무실이 어찌나 썰렁한지 모르겠다. 감기 걸리면 다 네 탓이야. 알았어?" 하며 가벼운 기분 전환용 멘트로 위로의 말을 대신하는 게 훨씬 좋다.

위로용 멘트는 상대에게 배려를 보내는데 그치지만, 기분 전환용 멘트는 상대의 자존심을 회복시켜주고 상대방을 주눅 들지 않게 해준다. 위로를 해야 할지 기분 전환을 시켜야 할지 신중하게 판단하는 게 우선이다.

Scene 8.
불평불만을 하는 사람을 대응하는 기술

　자신의 환경이나 조건에 감사하기보다는 불평불만을 가지게 되는 게 인간의 본성이다. 그런 인간의 본성을 이해한다고 하더라도 상사로서 또는 윗사람으로서 아랫사람으로부터 불평불만을 들으면 그냥 넘어가지 못 하는 것 또한 인간의 본성이다.

　당신에게 불평불만을 할 때 당신은 어떻게 대하는가? 상대의 만족을 채워주지 못하는 현실에 대해 설명하는가? 대부분의 사람은 변명하거나 상황을 설명하는 식으로 반응한다.

　그런데 이런 식의 반응은 상대의 불평불만을 풀어주기보다는 오히려 악화시키기 십상이다. 당신의 설명이 상대에게는 변명으로 받아들여지기 때문이다.

　오늘날 대기업은 물론 대부분의 제조업체가 고객서비스센터를 설치하여 고객의 애로사항이나 불만을 해결하고 있다. 문제는 고객들의 불평을 어떻게 받아들이고 반응하느냐에 있다.

예를 들어 고객이 "내가 얼마 전에 제품을 바꾸어 달라고 해서 고장이 난 제품을 보냈는데, 아직도 깜깜무소식입니까?"라고 항의를 했을 때, 서비스센터 직원이 "담당 직원이 결근을 하는 바람에 일이 늦어졌습니다"라고 대답했다면, 고객은 이것을 변명으로 받아들인다.

✱ 사실 확인부터 한다

따라서 변명으로 받아들일 만한 설명을 하지 말고 그 고객의 말이 사실인지 여부부터 확인해야 한다. 그리고 사실이라면 "죄송합니다. 고객님의 말이 옳습니다"라고 말해야 한다.

사람들은 대부분 자신의 말이 옳다고 인정해주면 화가 풀린다. 화를 낸 사람들은 그럴 만한 이유를 분명히 갖고 있는 것이다. 그 말을 인정하고 어떻게 해결하겠다고 말하는 것이 현명한 태도다. 장황한 설명은 입씨름을 불러오지만, 인정과 동의는 입씨름을 하지 않도록 해준다. 따라서 불평불만에 대한 설명은 해결에 아무 도움이 되지 않는다.

이제 불평불만을 잠재울 비결 세 가지를 제시한다.

첫째, 동의한다.

상대의 말을 인정하고 동의한다.

둘째, 사과한다.

"고객께서 부탁하신 일이 늦어져서 대단히 죄송합니다. 신속히 처리하겠습니다"라고 말하며 재차 사과한다.

셋째, 즉시 행동으로 옮긴다.

"제가 지금 곧 제품수리실에 가서 알아보고 연락드리겠습니다."

이렇게 대응하면 어떤 고객이든 불평하지 못하고 전화를 끊을 것이다. 때로는 이런 친절에 감사를 표할 것이다.

✱ 아랫사람의 불평을 들었을 때

앞에서는 주로 고객들이나 잠시 동안 관계를 갖게 되는 사람들의 불평에 대한 대응 방법을 설명했다. 이번에는 계속 관계를 맺어야 하는 부하 직원들로부터 불평을 들었을 때 적절한 대응법을 알아보자.

유능한 상사가 되기 위해서는 부하의 불평을 기꺼이 들을 줄 알아야 한다.

직장에서 대부분의 상사는 적어도 한 번쯤 부하의 속내를 털어놓는 이야기를 들을 수 있다. 그때 어떻게 반응하느냐에 따라 부하 직원과의 관계가 발전될지 중단될지가 결정된다.

가장 좋은 방법은 당신이 먼저 다가가는 것이다. "자네 요즘 고민거리라도 있는가?" 하는 식으로 시작하는 것이다.

이렇게 묻는 것은 부하 직원의 고민을 듣고 해결점을 찾기 위한 것이므로, 부하가 어떤 반응을 보이더라도 화를 내거나 당황해서는 안 된다.

부하 직원이 고민거리를 털어놓았을 때, 그 내용 중 부정적인 측

면이 있으면 긍정적인 방향으로 전환시켜야 한다. 즉, 어떤 문제가 부하 직원을 곤란하게 한다면 그 문제에 대해 어떤 해결책을 강구해야 할 것인지를 묻고 그 상황을 개선해야 한다.

만일 그 문제가 즉각적인 해결책을 마련할 수 없는 것이라면, 그럼에도 해결책을 찾는 데 함께 노력할 용의가 있음을 보여준다.

$\mathcal{S}$cene 9.
말싸움을 말릴 때
필요한 지혜

우리 주위에서 말싸움하는 모습을 간혹 본다. 그런데 문제는 친구나 동료, 그리고 이웃 간의 말싸움이 일어났을 때 어떻게 대처해야 하는가 하는 점이다.

당신이 말싸움을 말려야 할 처지에 놓였다면 어떻게 하겠는가?

말싸움뿐만 아니라 여러 가지 분쟁을 해결하는 어느 경찰의 이야기는 우리에게 말싸움을 말려야 할 처지에 있을 때 어떻게 행동해야 하는가에 대해 좋은 교훈을 알려준다.

주위 사람들이 112를 부르자, 그 경찰관은 달려와서 두 사람의 말싸움을 중지시킨 다음, 한 사람씩 붙잡고 질문을 한다.

"자, 한 분씩 말하십시오. 먼저 그쪽부터 말하세요. 그래, 뭐가 문제입니까?"

그리고는 수첩을 꺼내어 말하는 내용을 상세히 적는다. 그러자 말싸움하던 사람들이 경찰관이 적는 모습을 보고서는 싸움하기를 포기한다.

경찰관은 같은 말을 되풀이하면 "그것은 이미 적어놓았으니까 다음에는 어떻게 된 것이지요?" 하고 묻는다.

✱ 메모의 위력

말싸움하던 사람들이 경찰관의 모습을 보고 감정을 억누르고 이성적으로 돌아서기 시작한 것이다. 그것은 욕을 하거나 말싸움한 내용들이 누군가, 그것도 경찰관이 적는다는 사실에 자신들에게 이로울 수 없다는 것을 깨달았기 때문이다.

물론 고발을 해서 지구대나 경찰서로 가서 심문할 때에 기록하는 것은 당연하지만, 이 경찰관은 현장에 달려왔을 때부터 기록했다. 이렇게 기록한 다음 큰 소리로 읽어주고 확인하면 말싸움하던 사람 대부분은 지금까지의 격한 태도와 달리 공손해지면서 싸움을 중단한다. 물론 경찰관이 기록하는 것은 굳이 처벌을 하기 위한 것이 아니다. 기록 자체에 사람들은 두려움을 느끼게 되는 것이다.

Scene 10.
대안을 제시하고
선택하게 하라

나는 얼마 전 인천 부평에서 인천 구일동에 있는 병원에 가기 위해 택시를 탔다. 그때 택시 기사가 나에게 물었다.

"고속도로를 탈 수 있고, 시내도로를 탈 수 있습니다. 어느 길을 택할까요?"

그래서 나는 택시 기사에게 말했다.

"어느 길을 타든지 상관없으니 빨리만 갑시다."

"여하튼 손님이 선택하세요. 선택하시는 대로 타겠습니다."

그래서 나는 고속도로를 타자고 했다. 나는 기사에게 물었다.

"어째서 손님에게 선택하라고 합니까?"

그러자 택시 기사는 이렇게 말했다.

"바쁜 손님인 경우 내가 택했을 때 만약 교통체증에 막히면 선택한 내가 원망을 듣게 되지요. 하지만 손님이 선택했을 때 교통체증으로 막혀서 약속한 시간을 맞추지 못하더라도 손님은 내게 원망을 하지 않습니다."

나는 그날 참으로 많은 것을 얻었으며, 그 기사의 현명한 태도에 많은 감동을 받았다.

기사는 사람을 얻는 또 한 가지 방법을 가르쳐준 것이다.

✠ 여러 개의 대안을 제시하라

당신이 여러 사람의 이해관계가 걸린 일에서 결정을 내릴 때 혼자서 결론을 내렸다면, 그것이 올바른 결정이라고 확신할 수 없다. 따라서 그것이 옳은 방법이라고 제시하지 말고 여러 개의 대안을 마련하여 상대로 하여금 선택하게 해야 사람을 얻을 수 있다.

당신이 상황을 책임진다고 하는 것이 곧 당신 혼자서 모든 결정을 내려야 한다는 의미는 아니다. 서로 다른 의견으로 갈등을 겪을 때 상황을 분석하고 대안을 제시하여 그 일과 관련된 사람들이 선택하게 하라.

이렇게 결정한다고 해서 그 결정이 옳다고 말할 수는 없다. 그러나 결정 과정에 모두 참여했으므로 받아들일 가능성도 높고, 그 결정이 그 상황에서는 최선의 결정이라고 생각하게 된다.

Scene 11.
실수나 실언에 따른
올바른 사과 방법

실수나 실언은 사람을 가리지 않는다. 지위 고하를 막론하고 실수나 실언은 누구나 할 수 있다. 문제는 그다음의 행동이다.

실언이나 실수를 했을 때, "다시는 실수를 하지 않겠다"고 다짐하는 것보다 앞으로 실수의 횟수를 줄여가는 게 중요하다. 그런 과정의 하나는 실수했을 때 곧바로 실수를 인정하는 순간도 포함된다.

사과의 순간은 빠르면 빠를수록 좋다. 늦었다고 그냥 넘어갈까 망설이다 보면 더 늦어진다. 어제의 실수는 되돌릴 수 없지만 내일은 바꿀 수 있다.

✤ 올바른 사과의 자세
아무리 조심하려고 해도 누구나 조금씩은 실수를 한다. 특히 비즈니스 자리에서 본인의 잘못이 아니더라도 담당자로서 사과해야 할 때가 많다. 매우 하기 싫은 일이지만 마음먹기에 따라 그것을 큰 기회로 만들 수 있다. 실수를 해도 진지하게 받아들이고, 반성하는 태도를 보이고 성심껏 사과하면 상대방은 화를 누그러뜨리고 당신을 성실한 사람으로 새롭게 볼지도 모른다.

실수했을 때 효과적인 사과 방법은 다음 두 가지로 요약할 수 있다.

첫째, "미안합니다"라는 말보다 더 정중한 말을 사용한다.

둘째, 사과 표현에 변화를 준다.

사과할 때 제대로 대응하지 못하는 사람은 '무조건 사과만 하면 되겠지' 하는 안이한 생각으로 그저 "미안합니다"라는 말만 연발한다. 상대가 "이래서는 곤란하잖아?"라고 말하면 "죄송합니다" 한다. 또 "이번만이 아니잖아?" 하고 말하면 그때도 "미안합니다" 한다. "도대체 어쩔 셈이야?" 하고 다그쳐도 "미안합니다" 한다. "미안하다는 말만 하면 다야?" 하고 화를 내도 "미안합니다"라고 말한다.

이렇게 "미안합니다"라는 말만 연발하면 상대는 더욱 화가 날 뿐이다.

"미안합니다"라는 말은 우리가 가볍게 사용하는 말이다. 따라서 그런 말을 아무리 많이 한다고 해도 상대방은 진심으로 사과한다고 생각하지 않는다. 같은 말만 사용하면 상대는 '내가 하는 말을 진심으로 듣지 않고 있군' 하고 생각한다.

그러나 "정말로 죄송합니다", "뭐라고 사과의 말씀을 드려야 할지" 등 변화를 주면서 거듭 사과하면 상대방은 당신이 진심으로 사과한다고 생각하고 사과를 받아들이면서 화를 푼다. 이처럼 실수를 했을 때 화를 내는 상대방의 감정을 조절할 줄 아는 사람이 진정한 대화의 달인이다.

✠ 사과와 소득의 상관관계

오래전 미국의 한 연구소에서 사과와 개인소득의 관계를 조사한 결과가 보고되어 흥미를 끈 적이 있다. 그 조사에 의하면 사과를 많이 한 사람일수록 소득이 높다.

연봉 10만 달러 이상의 소득자는 연봉 2만 5천 달러 이상의 소득자보다 두 배 이상 사과를 많이 하는 것으로 나타났다. 자신이 잘못했다고 느꼈을 때 연봉 10만 달러 이상의 소득자 중 92퍼센트가 즉시 사과를 하는 반면, 연봉 2만 5천 달러 이상의 소득자 중 75퍼센트가 사과하는 것으로 나타났다. 돈을 많이 벌수록 사과를 많이 하는 것으로 나타난 흥미로운 조사인데, 우리에게 이야기하는 바가 매우 크다.

✠ 사과하는 용기를 가져라

대화 도중 실수했을 때, 주저 없이 사과하려면 용기가 필요하다. 대부분의 사람은 자신이 실언한 줄을 알면서도 알량한 자존심을 내세우면서 사과를 안 한다. 이런 행동이야말로 자존심을 지키지 못하는 어리석은 행동이다.

절대로 권위나 자존심을 내세우지 말라. 한마디 사과로 끝날 것을 계속 버티고 부인하다가 결국 돌이킬 수 없는 상황으로 치닫는다.

말은 글과 다르게 한 번 내뱉으면 주워 담을 수가 없다. 계속 줄줄 떠들어댄다고 해서 말을 잘하는 게 아니다. "저 사람은 다 좋은데 입이 문제"라는 평가를 듣지 않으려면 경솔하게 말하지 말아야 한다. 그리고 좀 더 겸손해야 한다. 그래야 사람을 얻을 수 있다.

Scene 12.
상대를 설득할 때
메시지는 단 하나면 족하다

한국영화 역사상 관객 1,000만 돌파라는 쾌거를 처음으로 이룩한 영화가 있다. 바로 〈괴물〉이다. 봉준호 감독이 이 영화를 만들기 위해 투자자를 구할 때의 일이다.

그는 청어람 제작사 최용배 대표를 만나 제안서를 내밀었다. 그 제안서에는 어떤 설명도 없었다. 그저 네스 호에 나오는 괴물 네시를 한강변의 63빌딩과 합성한 사진 한 장이 전부였다. 그는 긴 설명도 하지 않고 이렇게 말했다.

"한강변에 이런 괴물이 뛰어나오는 겁니다."

봉준호 감독은 구구절절 설명하지 않고 단 한마디로 메시지를 전한 것이다. 열 가지 메시지를 전하는 것보다 그중 중요한 한 가지를 집중하여 전달한 것이다.

단 한마디의 메시지에 감동을 받은 제작자는 투자를 승인하였고 그렇게 〈괴물〉이 탄생하였다.

✽ 인지 과부하를 조심하라

남을 설득할 때에는 핵심 메시지 한 가지를 전하는 것이 효과적이다. 이때 어느 메시지를 핵심 메시지로 정할 것인가를 결정하는 것이 매우 중요하다. 그러기 위해서는 설득할 상대에 대한 정보와 그가 선호하는 게 무엇인지 파악하는 일이 필요하다.

특히 프레젠테이션이나 발표회의 때 이것저것 강조하려다 모든 것을 잃어버리는 경우가 있다. 왜냐하면 사람들이 동시에 많은 것을 받아들여야 할 때 인지 과부하가 걸려 메시지 중 상당수를 잃기 때문이다.

모든 것을 보여주면서 모두 좋은 평가를 받으려는 것은 지나친 욕심이다.

"세일즈에서 중요한 것은, 한 단어이면 족한 것을 여러 말로 상대를 설득하려고 하지 않는 것이다."

토머스 제퍼슨의 말이다. 선택하고 집중하여 하나의 메시지만 계속 밀어붙이는 것이 상대를 설득하는 최고의 전략이며, 이런 방법이 상대로부터 원하는 것을 얻는 최상의 기술이다.

✽ 간결함이 중요하다

국민들을 설득하려는 정치인의 명연설문 역시 간결하고 짧았다는 것을 다음 사례에서 볼 수 있다.

- 에이브러햄 링컨의 게티스버그 연설은 272단어
- 에이브러햄 링컨의 두 번째 취임 연설은 700단어
- 윈스턴 처칠의 제2차 세계대진 참진을 알리는 연설은 '피, 수고, 눈물, 땀' 합쳐서 627단어
- 존 F. 케네디의 취임식 연설은 13.5분

비즈니스의 프레젠테이션에서도 중요한 것은 간결한 메시지다. 정치 연설이나 기업의 프레젠테이션에서 청중은 모든 단어에 대해 상세한 설명을 원치 않는다. 그들은 길고 긴 프레젠테이션을 들을 시간도 없고 인내력도 없다.

따라서 프레젠테이션을 만들 때는 항상 '간결함'을 명심하고, 생략할 만한 내용이 있는지 다시 한 번 확인하라. 과유불급(過猶不及)은 실패의 지름길임을 기억하라.

Communication Point 4.

직장에서 원하는 것을
많이 얻는 대화의 기술

직장에서 원하는 것을 얻기 위해서는 직장 동료, 상사, 부하, 그리고 사장을 자신의 지지자로 만들어야 한다. 이들로부터 지지를 이끌어내지 못하면 당연히 아무것도 얻지 못한다.

success   glory   gold

Scene 1.
동료를 얻는
대화의 기술

직장 동료와 어떻게 어울릴 것인가? 이것을 잘하면 샐러리맨으로서는 하나의 자격을 가졌다고 할 수 있다. 그러나 여간해서 이것을 잘하기란 어렵다.

어쩐지 주는 것 없이 얄미운 사람이 있어서 언제나 그와 싸움이 그치지 않는 경우도 있다.

멀리서 보기만 해도 다른 길로 돌아가게 만드는 동료가 있다. 이름만 들어도 기분 나쁜 사람이 있다.

그런데 직장생활에서 동료들 사이에는 한 자리를 둘러싸고 혹은 출세의 기회를 놓고 서로 라이벌이 되어 경쟁의식을 촉발하기도 한다. 그러나 동료의 마음을 잘 알고 그들의 지지를 받을 수 있다면 그는 동료 사이에 인망이 있다는 것으로 인정되어 출세의 패스포트를 얻을 수도 있는 것이다. 따라서 직장생활에서 무엇보다도 동료를 얻는 것이 중요하다.

동료를 얻게 되면 동료는 가장 유일한 자기편이 되어주는 셈이다. 그런데 한편으로 믿고 있던 동료가 자기의 이익을 위해 배신하여 골탕을 먹이는 경우도 흔히 있는 일이다. 그러니 동료라고 해서 쉽게 안심할 수도 없는 게 현실이다.

따라서 동료는 적이 되고, 내 편이 될 수 있는 존재다. 이러한 동료의 가치를 잘 알고 허허실실, 내 편이라는 생각으로 다루면 정말 동료를 얻었다고 할 수 있다.

옛날부터 '싸움은 양쪽 다 잘못이다'라는 말이 있듯이 싸움을 건 사람도, 말려든 사람도 다 잘못이다. 서로 상대방의 결점을 바라보며 미워하기 때문에 싸움이 일어나는 것이다. 서로 상대방에게 적대감을 갖는다는 점에서 똑같은 것이다.

싸움에 말려든 쪽은 저 사람과 먼저 싸움을 걸었기 때문에 싸우게 된 것이라고 하지만 상대방 역시 그렇게 생각하며 부글부글 속을 끓이고 있는 것이다. 결국 양쪽 다 상대방의 적대감을 끌어내고 있는 것이다.

이렇게 적대감을 노골적으로 드러내면 서로의 관계는 더욱 악화되어 싸움이 빈번해지고, 쌍방의 추악함이 주위에 드러나 어느 쪽이든 인간으로서의 기품이 크게 떨어진다. 이는 커다란 마이너스가 아닐 수 없다.

하기야 사람이 좀 영리하면 이런 서투른 싸움은 벌이지 않는다. 도리어 겉으로는 자기가 얼마나 상대방에게 호감을 가지고 있는가를 나타내고 생각해주는 척하면서 뒤돌아서서는 상대방의 발목을

끌어내리는 짓을 한다. 이것을 이른바 '반동형성'이라 한다.

'반동형성'은 본심과는 반대의 시늉을 하는 짓이며 본심으로는 싫다고 생각하는 사람에 대해서 겉으로는 크게 생각해주는 척하는 것을 말한다. 그리고 뒤로 돌아서서는 기회 있을 때마다 윗사람에게 상대방을 헐뜯는다.

그러나 이런 방식은 윗사람으로부터도 불신을 받는다. 동료를 흉보고 헐뜯는 사람은 다른 데서는 나에 대한 흉도 볼 것이 아닌가 하는 경계를 받게 되는 것이다. 세일즈맨도 경쟁 상대를 헐뜯으면 손님으로부터 신뢰를 얻지 못한다. 남의 상품의 결점을 나팔 불고 다니는 사람은 품성이 저속하다는 인상을 주고, 이런 사람의 말을 신용하면 큰일이 나겠다는 생각이 들기 때문이다. 그러므로 세일즈맨이 라이벌을 헐뜯는 것은 금기다.

동료에 대한 적대감을 드러내거나 동료를 헐뜯는 것도 샐러리맨으로서는 치부가 된다고 하겠으며, 이런 쉬운 방법으로 자기의 울분을 쏟거나 경쟁자에게 이기려고 하는 생각을 가지고서는 도저히 두각을 나타낼 수 없다.

✠ 동료와 대화 시 지켜야 할 세 가지 원칙

조직에서 동료를 단순한 경쟁자로 생각하여 어떻게든 그를 누르고 이기려고 생각해서는 안 된다. 함께 공존하는 방법을 찾아야 한다.

동료를 '나의 뜻이 통하는 동료'로 만드는 것은 친하게 지내는 것 이상을 말한다. 그렇게 되면 동료로부터 원하는 것을 많이 얻을 수 있다. 그런 사이가 되기 위해서는 서로 격의 없는 대화를 나누고, 창조적인 대화를 나누어야 하며, 무엇인가 그 동료에게 얻는 것이 있다고 느껴지는 분위기를 만들어야 한다.

당신이 동료를 승자와 패자로 갈리는 경쟁자로 본다면 결코 올바른 대화를 할 수 없을 것이다. 당신과 대화를 나눈 동료가 당신에게 패한 느낌을 갖게 되었다면 다시는 당신과 대화를 나누려 하지 않을 것이다.

따라서 당신과 동료 모두에게 유리한 대화를 하기 위해서는 다음의 원칙을 지켜야 한다.

첫째, 동료에 대한 존경심을 나타내야 한다.

즉, 동료에게 받고 싶은 대로 베푸는 것이다. 동료와 대화를 할 때 그가 말한 내용을 귀담아듣고 귀중히 여긴다는 것을 보여주어야 한다.

둘째, 기본 규칙과 책임 한도를 정한 다음 반드시 지켜야 한다.

인간은 누구나 자기 영역을 소중히 여긴다. 직장에서 다툼이나 마찰이 생기는 것은 이 영역을 지키기 위해서인 경우가 대부분이다. 따라서 당신이 맡고 있는 책임 분야의 민감한 영역에 대해서는 솔직하게 의논함으로써 허심탄회하게 대화할 수 있는 분위기를 만들어야 한다.

셋째, 당신에게 불쾌감을 주거나 상처를 주는 말에 대해서는 혼자 고민하지 말고 동료에게 주의를 주도록 하라. 동료의 언행으로 인해 고민되는 일이 있다면 침착하게 그리고 단호하게 말하라.

Scene 2.
상사를 얻는
대화의 기술

주어진 업무를 충실히 하고 또 상사를 위해서 일하는데도 불구하고 상사로부터 대접을 받지 못함은 물론 오히려 미움을 사는 부하가 있다. 그런데 문제는 그 부하가 자신이 왜 상사에게 미움을 받고 있는지를 알지 못한다는 점이다.

이 부하에게 무엇보다도 큰 문제는 자신의 상사가 어떤 상사인지를 알지 못하고 있다는 점이다. 그 상사는 자존심이 굉장히 강한 사람이다.

그런데 그 사원은 업무처리 능력이 뛰어나기 때문에 상사를 앞에 놓고 지나치게 자신의 의견을 주장하여 상사를 궁지에 몰아넣는 일이 자주 있었다. 그런 점이 상사를 몹시 화나게 만들었던 것이다.

상사로서는 부하 직원이 아무리 일을 잘한다고 해도 자기 자존심을 상하게 하는 것은 도저히 참을 수 없는 일이다.

모 회사에서 어느 날 팀의 업무 성적을 올리기 위해서 팀원들을 모아놓고 회의를 열었다. 팀장인 상사는 업무 성적을 올리기 위해 어떤 제안이라도 솔직하게 말하라고 하자, 한 부하는 우리 팀은 추진력이 약해서 업무 성적이 오르지 못하니 팀장이 솔선해서 추진력을 발휘해야 한다고 말했다. 그러자 팀장은 그 자리에서는 옳은 생각이라고 하면서 앞으로 추진력을 발휘하겠다고 답했다. 그러나 얼마 안 되어 인사이동이 있을 때 그 부하는 지방으로 발령이 났다. 그 부하가 평소 자신의 상사가 어떤 타입의 상사인 줄 알았다면 그런 우를 범하지 않았을 것이다.

상사가 아무리 무능해 보이고 자신이 능력이 있다고 할지라도 상사의 자존심을 손상시켜서는 안 된다. 상사는 어디까지나 상사이기 때문이다.

✽ 원하는 것을 얻으려면

상사와 원만한 관계를 유지하기 위해서는 상사의 타입을 정확하게 파악하고 그 타입에 맞추어 행동하는 것이 무엇보다 중요하다.

겉으로 호탕하게 보이는 상사라 모든 것을 이해해주리라 생각하고 그 앞에서 자신의 모든 약점들을 털어놓게 된다. 그러나 실제 그 상사는 매우 꼼꼼한 사람이다. 그래서 부하들의 약점이나 단점들을 듣고 기억했다가 인사이동 때 그것을 반영하는 것이다.

실제 그 상사가 호탕한 척하는 것은 자신의 신경질적인 성격을 은폐하기 위한 연기에 불과한 것이었다.

이러한 예는 어느 조직에서나 흔히 볼 수 있는 일이다. 이와 같이 상사의 타입을 잘못 판단하게 되면 의외의 마이너스 결과를 보게 마련이다. 그러므로 상사의 타입을 정확하게 파악하는 것이 상사와의 관계에서 무엇보다도 중요하다.

상사의 타입을 이해하고자 할 때 가장 중요한 것은 상사의 감정 호흡을 파악하는 것이다.

인간의 감정 형태에는 여러 가지가 있는데 이를 세 종류로 분류하여 이해하면 편리하다.

첫째, 의욕형이다.

의욕형의 사람들은 정서가 안정되어 있어서 대인관계에서도 적극적이고 우호적이다. 이런 타입의 상사는 업무에 대해서나 대인관계에서나 적극적으로 진행해나간다.

이런 상사는 부하에 대해서도 적극적으로 일할 것을 권한다. 이런 상사는 부하를 항상 신경 써준다.

이런 상사가 자주 하는 말은 다음과 같다.

"어떻게 좀 해봐야 하잖아."

"난 욕심이 많아."

둘째, 반발형이다.

반발적인 사람들은 정서가 안정되어 있지 않아서 다른 사람에 대해서 즉각적인 반발을 한다. 이런 상사는 집에서 부인과 싸우거나 말다툼을 하고 출근할 경우, 부하의 실수를 보면 참지 못하고 그 즉시 부하에게 호통을 친다. 가정에서의 울분을 직장에서 폭발시키는 것이다.

"머리는 뒀다 뭐해!"

"똑바로 못하겠어?"

이런 상사가 화가 났을 때 자주 하는 말이다.

셋째, 무기력형이다.

무기력형의 상사는 연공서열 덕분에 진급한 상사다. 그러한 사람은 그다지 의욕적이지도 않으면서 또 그다지 반발적이지도 않다. 언뜻 보아서 사람이 좋고 겸손해 보인다. 이런 사람은 실력이 없기 때문에 얌전하게 처신하며 타인의 미움을 받지 않도록 자기방어에 급급하다. 이런 타입의 상사는 사람 좋아 보이는 얼굴로 어물어물 넘기곤 한다.

이런 상사가 자주 하는 말 몇 마디가 있다.

"너무 애쓰지 말아요."

"그 문제는 괘념치 말아요."

"어떻게든 되겠지요."

✽ 상사와의 대화 시 지켜야 할 일곱 가지 원칙

상사에게 잘 보여 상사로부터 무언가를 얻기 원한다면 상사와의 대화 시 반드시 다음 원칙들을 지켜야 한다.

첫째, 씩씩하게 인사하고 대답하라.

상사와의 원만한 대화의 기본은 인사와 응답이다. 특히 아침에 출근하여 상사를 만났을 때 씩씩하게 인사하라. 그러면 직장 분위기도 밝아지고 상사도 좋은 인상을 받을 것이다.

또 상사가 부를 때도 "예" 하고 씩씩하게 대답한다. 대답은 상대와의 관계에 따라 달라지는 커뮤니케이션의 방법이다.

둘째, 상사와 아무리 가까운 사이일지라도 공석에서는 경어를 써야 한다. 친할수록 예의를 지켜야 하는 것이다.

셋째, 핵심을 한마디로 정리하여 말하라.

말하고 싶은 내용을 한마디로 요약하라는 것이다. 길고 지루한 서두나 장황한 설명은 상사를 초조하게 하거나 짜증나게 만든다. 보고는 "결론은 이렇습니다"라고 한마디로 정리하여 설명하며, 결과를 말할 때에도 순서에 따라 간결하게 말한다.

넷째, 보고는 미리 한다.

상사들은 대부분 "자네만 믿네" 하는 말로 모든 일을 부하에게 맡긴다. 당신이 상사의 신뢰를 한 몸에 받으려면 절대로 보고를 빼먹지 말아야 한다. 상사가 말하기 전에 미리 보고를 해야 상사는 안심한다.

다섯째, 반론을 제기할 때는 "잠깐, 제 의견을 말씀드려도 괜찮겠습니까?" 하고 양해를 구한다.

상사의 의견에 반대할 경우 가만히 있는 것보다는 반대 의견을 표현하는 것이 좋으나 부드럽게 대립을 완충시킨 다음, 다른 의견을 말하도록 하라.

여섯째, 상사의 의뢰나 부탁을 거절할 때에는 먼저 "미안합니다"라는 말부터 하라.

당신이 기대를 저버린 데 대하여 먼저 사과를 한 다음, 그 의뢰나 부탁을 받아들일 수 없는 이유를 말하라.

일곱째, 사과를 할 때 단서나 변명을 달지 말고 시원하게 말하라.

"죄송합니다. 팀장님, 제가 확인을 하고 시정하겠습니다" 하는 식으로 분명하게 사과하라.

❋ 긴장감을 풀고 싶을 때

"거짓말쟁이의 목표는 단지 기뻐하는 것이며, 상대에게 기쁨을 주는 것이다."

오스카 와일드의 말이다.

친한 상대인 경우에는 누구나 가볍고 재미있는 거짓말을 한 경험이 있을 것이다.

어느 유통회사의 한 팀장은 항상 실적 향상을 부르짖었다.

어느 날, 야근하는 팀원들 앞에서 또 다시 실적 향상을 부르짖었다.

다음 날 아침, 팀장은 잔뜩 긴장하고 들어오다가 책상에 놓인 서류뭉치를 발견했다. 그 서류가 미결제 서류인 줄 착각한 팀장은 소리를 질렀다. 그러나 팀원들은 놀라는 기색이 없었다. 이상하게 생각한 팀장이 서류를 뒤적이다가 실적을 올린 서류인 줄 알고 웃었다. 그 팀장은 자신을 속인 팀원들을 나무라지 않고 그날 저녁 한턱 톡톡히 냈다.

악의 없는 속임수는 우리 주변에서 수없이 경험하게 된다. 약간의 속임수는 어색함을 모면하는 데 도움이 될 수 있다.

"팀장님, 요사이 기분이 좋으신 걸 보니 무슨 좋은 일이 있는 것 같은데요?"

"팀장님은 꼭 장동건 같이 생겼어요."

이렇게 악의 없는 거짓말을 함으로써 상사와 자신과의 긴장감을 해소하면 무슨 부탁이나 의뢰를 자연스럽게 할 수 있다.

Scene 3.
부하를 얻는
대화의 기술

부하를 얻기 위해서는 먼저 부하의 말버릇을 파악하여 대응하는 방법이 좋다. 말버릇은 사람마다 각양각색이지만 상사로서 부하의 말버릇에 신경 써야 한다. 염두에 두어야 할 부분은 다음과 같다.

✽ "그건 그렇지만"이라고 말하는 부하의 심리

방어벽의 신호를 놓치지 않는다.

대화의 속도를 늦추는 말이 있다. 이야기가 척척 진행되어 구체적인 제안과 답변이 오가고 있는데 갑자기 브레이크를 거는 듯한 말이다.

"그건 그렇지만" 또는 "뭐라고 말해야 좋을지" 하는 애매한 말이다.

상대가 이런 말을 입에 담는 것은 자만의 세계에 틀어박히려 할 때다. 분명한 반론이나 반대 의견이 있어도 그것을 표출할 수 없는 상황은 얼마든지 있다.

직장 상사에 대한 부하의 경우도 그렇다. 업무의 발주자를 대하는 수주자의 경우도 그럴 것이다. 결정권을 갖지 않은 사람이 결정을 강요당하는 경우도 마찬가지다.

어쨌든 상대의 이야기를 그대로 받아들일 수 없는 경우나 이 상태로 이야기를 진행하면 곤란할 때 이런 애매한 말이 나온다. 바로 방어벽을 세우겠다는 신호다.

이런 경우, 계속 밀고 나가보았자 상대의 벽은 더욱 견고해질 뿐이다. 상대가 부하라 해도 그 벽을 무너뜨릴 수는 없다. 그 자리에서 무리하게 밀어붙여도 결국에는 "할 수 없습니다"라는 말이 돌아오기 때문이다.

능력 있는 상사는 무리한 행동을 하지 않는다. 부하에게 아부하는 상사가 아니냐고 오해하는 사람도 있겠지만 그렇지 않다.

"하라면 해!"라는 식의 무리한 강요는 좋은 성과를 포기하겠다는 것과 다르지 않다. 어디까지나 부하가 납득할 만한 절충선을 찾으려고 애써야 한다. 설득이 아니라 납득할 수 있는 부분부터 의논하라.

일본의 닛산자동차의 CEO 카를로스 곤은 이렇게 말했다.

"나는 호의적이고 상황을 살피는 사람을 납득시켜 적극적으로 참여하도록 유도하기 위해 싸워왔습니다."

그 싸움이란 어떤 것이었을까?

카를로스 곤은 "철저히 의논했다"고 말한다. 상대가 회의적일 때 무작정 설득한 것이 아니라 대안을 마련하기 위해 서로 대화를 나누었다는 것이다. 그러면 상대는 스스로를 무기력하게 느끼지 않게 된다. 회의적인 부하에 대한 상사의 태도로서 이런 방법은 매우 효과적이다.

무리하게 자신의 의견에 따르도록 강요해봤자 상대는 적극적으로 가담하지 않는다.

'하라니까 하는 거지. 어차피 안 되는 건데, 뭐.'

이런 기분으로 일한다.

'안 된다는 걸 알면 생각을 바꾸겠지' 하고, 처음부터 상황을 살피는 입장에 서고 만다.

그런 상황에서 부하가 애매한 말을 하기 시작하면 자신만의 생각에 틀어박히기 전에 마음을 열어줄 필요가 있다.

"내가 한 말 중 뭔가 의문점이 있으면 지적해주게."

그런 말로 대화의 진행을 일시 정지시킨다. 경우에 따라서는 뒤로 되돌려도 상관없다.

애매한 말을 하는 것은 이대로 대화를 진행시키고 싶지 않기 때문이다. 그러므로 상대가 납득하지 못하는 부분으로 이야기를 돌릴 필요가 있는 것이다. 그렇게 하면, 상대의 마음도 풀린다.

납득할 수 있는 부분부터 의논을 해나간다. 이것이 능력 있는 상사가 부하의 적극적인 참여를 유도해내는 비결이다.

✴ "즉", "예를 들면"을 연발하는 부하의 심리

주위에 보면 "말하자면"이나 "예를 들면"을 연발하는 사람이 꼭 있다. 젊은 사람보다 오히려 중장년의 관리직이 많을지도 모른다.

말버릇이란 묘하게 신경 쓰이는 것인데, 본인은 그것을 깨닫지 못한다. 무의식중에 나오기 때문에 스스로 얼마나 빈번하게 사용하는지 자각하지 못한다.

어떤 말버릇이든 다양한 상황에서 그 말이 자주 나온다는 것은 뭔가 심층심리가 작용하고 있다는 증거다. 심리적으로 뭔가에 편중되어 있어 그것이 같은 말의 연발로 이어지는 것이다.

'말하자면'은 그때까지의 이야기의 내용을 정리하려는 말이다. 자신의 주장을 결론지을 때 '말하자면'이라는 말을 집어넣는다. 그런 의미에서는 논리적인 사람이라고 할 수도 있다. 단, "말하자면"이라고 말한 뒤 명쾌한 결론을 내는 사람의 경우에 한하여 그렇다.

실제로는 '말하자면'이 단순한 말버릇인 경우가 많기 때문에 좀처럼 이야기가 정리되지 않는다. 본인은 논리적으로 설명하려고 하지만 그것이 생각처럼 되지 않아 번번이 '말하자면'을 연발하는 것이다.

'예를 들면'이 말버릇인 사람도 마찬가지다.

이것은 이야기의 내용을 알기 쉽게 설명하기 위해 사용하는 말이지만 그것을 연발하는 것은 해설하기 좋아하고 설득하기 좋아하는 경우다.

실제로 '예를 들면'을 연발하여 상대가 납득할 수 있느냐 하면 그렇지도 않다. 쓸데없이 이야기에 혼란만 줄 뿐이다. 설득하기 좋아하는 사람의 이런 말버릇은 오히려 설득력을 떨어뜨린다.

'예를 들면'에는 완곡한 희망이 함축되어 있을 때도 있다.

"이런 바쁜 시기에, 예를 들면 제가 휴가를 신청해도 소용없겠죠?"

그렇게 말하는 부하에 대해 "휴가 가고 싶은가?" 하고 상사가 되물으면, 부하는 당황하여 부정한다.

"아뇨, 어디까지나 예를 들면 그렇다는 겁니다."

이런 식으로 말이다.

✠ '하지만', '그러니까'가 말버릇인 부하의 심리

그러고 보면 "말하자면" 혹은 "예를 들면"을 연발하는 사람은 직접적으로 말하는 것이 서툰, 마음 약한 성격이라고 생각할 수 있다. 그 나약한 마음이 설득력의 부족을 낳는 것이다.

반대로 자기주장이 강한 사람의 말버릇도 있다. 바로 '하지만' 또는 '그러니까'라는 말이다.

상대의 말을 어떻게든 부정하고 자신의 주장을 관철시키려는 것이 '하지만'이다. '하지만' 다음에 이어지는 말이 반드시 상대의 의견에 대한 반론은 아니다. 같은 의견일 수도 있다. 그럼에도 불구하고 '하지만'이라는 한마디로 자신에게 시선을 집중시키고 싶은 게 이 말버릇의 특징이다. '그러니까'는 자신의 주장을 강요하는 말이다.

"그러니까 아까부터 말하지 않았나, 안 된다면 안 되는 거야!"

상사가 부하에게 '그러니까'를 사용할 때는 약간 감정이 섞여 있을 때다.

따라서(이것도 일종의 말버릇이지만) '하지만'과 '그러니까'가 맞부딪치면 냉정한 대화가 불가능하다. 서로 자신의 의견을 주장하기 때문이다.

이처럼 특유의 말버릇을 가진 상대는 그만큼 본심을 파악하기 쉽다고 생각하면 된다. '아, 이런 성격이구나' 하고 생각하면 차분하게 대처할 수 있다.

특별히 신경 쓸 만한 말버릇이 없는 사람은 그만큼 마인드 컨트롤을 잘한다고 할 수 있을 것이다.

✖ '그렇군요'를 연발하는 부하의 심리

온화해 보이지만 사실은 방관자적 성향을 보이는 것이다.

'말하자면'이나 '예를 들면'의 비논리성과 '하지만'이나 '그러니까'의 자기주장에 대해 설명했는데, 상사로서 또 하나 주목해야 할 말버릇이 있다.

'그렇군요'라는 온화하고 추종적인 말이다. 상사는 순종하는 부하를 원하지만 조직의 불화가 거기에서 비롯되는 것도 사실이다. 왜냐하면 순종하는 부하는 뒤집어 말하면 무책임한 부하이기 때문이다.

'명령한 것은 상사니까 책임을 지는 것도 상사'라고 생각하여 자신의 일에 대한 책임감, 실행력, 판단력이 부족하다. 그저 주어진

테두리 안에서 벗어나지만 않으면 된다고 생각한다. 이것은 방관자의 심리다.

일이라는 것에는 절차가 있기 때문에 그것을 하나씩 처리하면서 보람을 느낄 수 있다. 하지만 방관자에게는 자신이 바라봐야 할 도착점이 없다. 성과나 실적이 나왔다고 해도 진정한 의미에서의 성취감이 생기지 않기 때문에 일에 '감동'을 느끼지 못한다. 이런 '무감동'의 사원이 요즘 늘고 있다. 이것이 조직 불화의 실태다.

또 하나, 긍정적으로 보이지만 부정하는 냉담한 심리로 볼 수 있다.

'그렇군요'라는 말은 순종이지만 긍정이라고는 볼 수 없다. 상대의 주장을 긍정하는 듯이 보여도 표면적인 수긍에 지나지 않는 경우가 많다.

예를 들어 상사가 자기주장을 내세운다고 하자. 이 말을 자주 하는 사람은 속으로는 반론하고 싶지만 겉으로는 그냥 인정해버리는 척하는 것이다. "그렇군요" 하는 말로 납득을 가장하면서 내심으로는 '부장은 저렇게 말하지만 말대로 안 될걸?' 하고 생각한다.

어쨌든 '그렇군요'를 연발하는 사람의 심층심리는 냉담하다. 순종하는 듯 보이지만 방관적이며, 긍정하는 것처럼 보이지만 부정하고 있다.

능력 있는 상사는 부하의 그런 냉담한 심리를 읽어낸다. 단순한 긍정이라고 받아들이지 않고, 본심에 감춰진 소극적인 기분을 간파한다.

거기에서 먼저 대화의 포인트를 천천히 되돌린다. 틈을 주어 대화가 일방통행이 되지 않도록 배려한다.

부하가 자꾸 "그렇군요" 하는 것은, 상사의 강요가 원인인 경우도 있다. 순종만을 요구하는 상사에 대해 '그렇군요'는 부하의 지위 수단이 되기 때문이다.

이런 경우 상사는 자신의 말투를 체크할 필요가 있다. 지나치게 단언하는 말투는 아닌지, 무리하게 동의를 구하는 말투는 아닌지, 상대의 의견을 재촉하고 있지는 않은지 등등을 말이다.

✖ 변명에 효과적으로 대응하려면

'셀프 핸디캐핑'이라는 말이 있다. 스스로 핸디캡을 건다는 의미다. '핸디캡'이란 원래 골프에서 실력에 따라 객관적으로 부과되는 것인데, 각자가 마음대로 핸디캡을 걸면 공정한 플레이는 이루어질 수 없다.

골프를 치러 나와 첫 홀이 시작되기 전에, 혹은 경기가 한창 진행되는 도중에 "어젯밤에 잠을 잘 못 잤다", "술을 많이 마셨다", "요즘 허리가 안 좋은 것 같다" 등의 이야기를 자주 하는 사람이 있다. 이것이 바로 '셀프 핸디캐핑'이다.

아직 경기가 시작되기도 전이고 끝나기도 전인데 변명을 하는 것은 패배했을 때의 심리적 '예방책'이라 할 수 있다.

"오늘은 컨디션이 최악이야!"

처음에 그렇게 말해두면 스코어가 좋지 않을 때에도 실력 탓이 아니라 컨디션 불량 탓이라고 어필할 수 있는 것이다. 만일 좋은 스코어가 나오면 반대로 자신의 실력을 크게 어필할 수 있기 때문에 결과적으로 유리한 핸디캡이라고 할 수 있다.

이와 관련해 미국 프린스턴대학에서의 한 조사에서 의외의 사실이 확인되었다. 수영부 선수들의 연습량을 조사해봤더니, 중요한 대회 전에 연습량을 늘리는 선수와 그렇지 않는 선수의 특이점이 발견된 것이다.

조사에 의하면, 연습량을 늘리지 않은 선수는 평소부터 이 '셀프 핸디캐핑'을 자주 이용한다는 것을 알 수 있었다. 즉, 성적에 자신이 없는 선수일수록 '연습 부족'이라는 핸디캡을 스스로에게 걸고 있었다는 것이다.

✱ 자신감이 없는 사람

'변명'이 많은 사람은 일에 자신감이 없는 것이다. 이런 사람들은 앞에서 말한 수영선수처럼 연습량을 늘리지 않고 스스로 '준비 부족', '노력 부족'을 택하고 있지 않은가, 스스로를 되돌아볼 필요가 있다.

중요한 교섭의 자리에 충분한 설득 자료를 준비하지 않거나, 영업 성적을 올리려고 고심하고 있는데 파업을 하거나, 학력이나 연령 또는 경력의 핸디캡을 유난히 강조하지는 않는가? 어쨌든 다양한 방법과 이유를 들어 최선의 길을 피하지는 않는가?

'이런 이유가 있으니까 결과가 나쁜 것은 당연해' 하며 일부러 자신을 납득시키는 태도를 취하지는 않는가?

최선을 다한 사람은 실패해도 변명을 하지 않는다. 자신의 능력이 부족했다는 것을 인정할 수밖에 없기 때문에 변명을 할 수 없는 것이다.

그렇지만 그런 사람들은 실패를 통해 자신의 약점을 깨닫고 새로운 목표를 세울 수 있다. 결과가 어떻든 최선을 다함으로써 많은 것을 배우고 한 단계 더 성장할 수 있는 것이다.

하지만 최선을 다하지 않고 변명을 반복하는 사람은 언제까지나 같은 자리에 머물고 만다. 만일 그런 부하가 있다면 변명은 자기방어에 불과하다는 것을 상사는 확실히 이해시켜야 할 것이다.

✠ 질문을 많이 하라

부하를 잘 다루어 자신의 말대로 움직이게 만들려면 부하와 자주 대화를 가져야 하며, 대화할 때는 질문을 많이 해야 한다.

질문은 문제의 핵심을 파악하는 데 중요한 기능을 한다.

부하와 대화 시 4분 이내에 질문을 하고 질문을 받아라. 이것은 대화의 기술을 익히는 데에서 매우 중요하다.

요즘 대학은 물론 고등학교나 중학교에서도 대화의 방식으로 수업을 하고 있다. 질문을 하고 질문에 적절히 대답할 수 있는 정도의 실력을 가지고 있다면 질문방식의 수업이 주입식 수업보다 훨씬 효과적이기 때문이다.

그러나 대화에서 말하는 사람의 실력이 질문에 응답할 수 없을 정도면 분위기가 묘하게 흐르게 된다. 게다가 질문을 공격으로 받아들인 부하가 있을 때에는 도리어 문제가 될 수도 있다.

그럼에도 불구하고 부하와의 문답식 대화는 여러 가지 긍정적인 요인을 가지고 있다. 상사도 질문을 받음으로써 자신의 문제점을 확인할 수 있고, 자기의 방식도 평가할 수 있기 때문이다.

상대의 질문을 기다리지 않고, 상사 쪽에서 질문할 수도 있다.

"지금까지 말한 것에 대해서 뭐 질문할 것 없나?"

이렇게 질문을 할 때 상사가 조심해야 할 것은 듣는 부하의 입장에서 거북해할 수 있는 말은 피해야 한다는 점이다.

듣는 사람도 여러 부류가 있고, 듣는 사람에 따라 갖가지 질문이 나올 수 있기 때문이다. 따라서 "알기 쉽게 설명하려고 했지만, 혹시 이해하지 못하는 사람은 없지?" 하는 식으로 질문하는 것이 좋다.

여하튼 문제의 핵심을 파악하고 부하의 잠재된 심리를 파악하는 데에는 질문방식의 대화가 가장 효과적인 방법이다.

Scene 4.
사장에게 인정받는 부하의
화술

사장과 이야기하는 것은 사실 커뮤니케이션을 하는 것이다. 그런데 커뮤니케이션은 대화를 하기 전부터 이미 시작되었다고 할 수 있다. 사장과의 대화는 말로 시작하기 전부터 보디랭귀지로 시작된다. 따라서 사장과 당신과의 관계는 당신의 보디랭귀지를 통해 자연스럽게 드러나게 된다. 그러므로 당신이 사장 앞에서 반드시 준수해야 할 보디랭귀지는 다음과 같다.

첫째, 정중한 태도를 취하되, 비굴하게 굴어서는 안 된다.

둘째, 일단 노크를 한 뒤에 들어오라는 신호가 있으면 안으로 들어가서 사장의 눈을 응시한다.

셋째, 이때 뚫어지게 보지 말고 주기적으로 시선을 마주한다. 그리고 시선을 이마로 옮긴다. 간헐적으로 시선을 눈과 이마로 옮김으로써 심리적으로 우월한 입지에 놓일 수 있다.

넷째, 자리에 앉으면 양손 모두 사장이 볼 수 있게 한다. 대화 도중 중요한 대목에서는 손을 사용하여 강조한다.

다섯째, 똑바로 앉으며, 얼굴이나 머리카락 혹은 입에 손을 대지 않는다.

여섯째, 대화하면서 손바닥을 사장이 보도록 함으로써 숨김없이 솔직하다는 것을 나타낸다.

✖ 칭찬을 들었을 때

중소기업의 경우, 직원이 한 가지 프로젝트를 완성했거나 기대한 것보다 더 많은 업적을 쌓으면 사장이 직접 칭찬하는 경우가 많다. 그런데 사실 사장으로부터 칭찬을 들었을 때 대부분의 사람은 고맙다는 말로 끝낸다. 사장은 당신에게 상냥하게 칭찬의 말을 건네고, 당신은 감사를 표한다. 그리고 두 사람은 기분이 좋아지고 이것으로 끝이다.

그러나 대부분의 사람은 이 간단한 일을 자연스럽게 해내지 못하고 있다. 어린 시절부터 우리는 겸손하게 행동하도록 교육을 받아왔고, 지나치게 자신감으로 무장한 사람들을 보면 언젠가 망신당할 날이 올 것이라고 경고해왔다. 그러나 당신이 거둔 성과에 대해서 기분 좋은 속내를 감추는 것은 진정한 겸손이 아니다. 오히려 건방지고 무례하다는 말을 듣기가 쉽다. 칭찬을 자연스럽게 받아들이면, 칭찬한 사장도 적절한 반응을 보이게 된다. 이것은 사장을 내 편으로 만드는 중요한 방법 중 하나다.

사장에게 칭찬을 들었을 때, 첫 단계는 감사의 인사부터 시작하라. "감사합니다. 방금 해주신 말씀 마음속에 오래 남을 것 같습니다" 등의 말로 완벽하게 인사한다.

그다음 단계로는 사장에게 존경의 말을 표함으로써 당신과 사장의 관계를 더 깊어지게 만드는 기회로 활용하는 것이다.

마지막으로 칭찬할 만한 사람들을 생각해서 말한다. 이것은 당신의 동료를 인정하는 좋은 기회가 된다.

특히 유의할 것은 칭찬을 들었을 때 어울리지 않는 언행을 하는 것이다. 또한 칭찬해준 사람에게 감사한답시고 일장 연설을 늘어놓아서는 안 된다.

✹ 질책을 들을 때

당신이 어떤 잘못이나 실수를 하여 사장에게 비난이나 질책을 들을 때, 그것을 환영할 리는 없다. 하지만 건설적인 방향으로 대응할 수 있도록 준비를 해야 한다. 그런 준비를 하고 대응할 때 당신은 발전할 수 있고, 사장을 당신 편으로 삼을 수 있는 것이다.

첫 번째는 그 비난이나 질책을 발전을 위한 기회로 받아들여라. 모든 비판 또는 심한 질책까지도 당신에게 이득이 될 수 있다. 사장의 비난이나 질책은 결국 당신의 비능률적인 일면, 즉 당신이 더 잘할 수 있는 방향을 지적해주는 역할을 한다.

두 번째는 변명을 하려는 충동을 이겨야 한다. 사람은 누구나 잘못을 지적받으면 변명하려는 충동이 생기게 마련이다. 변명하려고 하지 말고 듣고만 있어야 한다.

그다음에는 일을 잘했음에도 질책을 받을 수 있다. 당신의 업무 성과에 대한 객관적인 증거와 데이터가 있음에도 불구하고 사장은 비판거리를 찾을 수 있다. 사장이 그 일을 잘 몰라서 혹은 알지 못해서 당신을 비판할 수도 있다. 그렇다고 사장의 질책을 무시해서는 안 된다. 사장이 질책하는 이유를 곰곰이 생각해보면 당신은 한층 더 노력해서 좋은 성과를 올리게 될 것이다.

그러나 부당하거나 근거 없는 질책을 맹목적으로 받아들여서는 안 된다. 그 질책으로부터 배우겠다는 자세를 가져야 한다. 그러면 당신은 긍정적인 이미지를 사장에게 줄 수 있다.

그리고 질책을 들을 때 사장과 당신과의 관계를 돈독히 할 수 있는 방향으로 대응해야 한다.

마지막으로, 비판이나 질책을 들을 때 당신이 귀담아듣고 있다는 것을 보여주어야 한다.

그런 자세를 보여주는 방법으로는 사장의 눈을 응시하고, 가능하면 사장과 함께 자리에 앉는 것이 좋다. 서서 얼굴을 마주하면 대립적인 분위기를 조성할 수 있기 때문이다.

우물쭈물하지 말고 솔직히 비판을 받아들이고 배우고 개선하려는 의지를 보여주어야 이 일을 계기로 사장에게 더욱 가까이 다가갈 수 있을 것이다.

Communication Point 5.

원하는 것을 많이 얻는
서비스 대화의 기술

작은 구멍가게를 하든 큰 회사를 운영하든, 오늘날 고객에 대한 서비스의 중요성은 아무리 강조해도 지나치지 않다. 고객으로부터 원하는 것 이상을 얻으려면 고객의 니즈를 제대로 간파해야 한다.

success   glory   gold

$\mathcal{S}cene\ 1.$
고객이
방문했을 때

서비스 업종에서 인사는 매우 중요하다. 인사만큼 고객에게 강렬한 첫인상을 심어줄 수 있는 것이 없기 때문이다.

여기에 특이한 인사법으로, 고객들에게 좋은 인상을 주는 곳을 소개하고자 한다.

인천 부평에는 소고기 샤브샤브 요리를 하는 음식점이 있는데, 고객이 음식점에 들어서는 순간 사방에서 "어서 오십시오"라는 인사가 터져나온다. 인사말이 나오는 시간이 고객이 들어서고 0.3초를 넘어서는 법이 없다. 그래서 이러한 인사법을 0.3초 인사법이라고 한다.

✖ 0.3초 인사법을 활용하라

음식점 어딜 가든 대부분은 "어서 오십시오"라는 인사를 한다. 그러나 대개 형식적으로 힘없이 인사하게 마련이다. 생동감 넘치게 인사하는 곳은 찾아보기 힘들다.

그러나 앞서 말한 음식점에서는 손님의 귀가 따가울 정도로 목소리가 힘차다. 홀에 있는 다른 손님들이 모두 듣고 남을 정도다. 고객이 들어서면 입구에서 가장 가까이 있는 종업원이 제일 먼저 "어서 오십시오" 한다. 그러면 계산대에 서 있는 캐셔가 그 뒤를 따라 바로 또 한 번 "어서 오십시오!" 한다. 이걸로 끝이 아니다. 캐셔가 인사를 하고 나면 이번에는 주방에서 주방장이 큰 소리로 "어서 오십시오!" 한다.

고객은 입구에 들어서서 앉기까지 적어도 세 번 이상 "어서 오십시오!"라는 인사를 받게 된다. 그것도 생기 있는 목소리로 말이다. 이렇게 유쾌한 인사를 한 번도 아니고 세 번 이상 받게 되니 고객은 기분 좋은 것은 말할 것도 없고, 아주 강한 인상을 받게 된다.

손님이 올 때뿐만이 아니다. 음식을 서빙하고 나서는 "맛있게 드십시오!" 하고, 손님이 식사를 마치고 갈 때에는 "안녕히 가십시오!" 하는데, 역시 힘찬 목소리다.

물론 고객 중에는 좀 시끄럽지 않느냐고 하는 경우도 있지만 대부분의 고객은 감탄한다.

✠ 처음 15초에 신경 써라

스칸디나비아항공 회장 얀 칼슨은 적자를 면치 못하는 회사를 흑자 경영으로 돌린 경영의 귀재다.

그는 회장으로 취임한 첫날 직원을 모아놓고 제일성으로 이렇게 말했다.

"여러분! 우리 회사가 적자에서 흑자로 돌아서느냐 아니면 이대로 파산하느냐는 여러분에게 달려 있습니다. 저는 여러분에게 한 가지만 부탁하겠습니다. 고객과 처음 만날 때 더도 말고 덜도 말고 15초만 신경 써보라는 것입니다."

승객은 승무원 등의 서비스 종사자들과 대면했을 때 첫눈에 제대로 서비스를 하는지 그렇지 못한지를 판단하는데, 처음 15초에 특별히 주의 깊게 신경을 써서 고객을 대하면 서비스가 좋다고 판단하고 매력을 느낀다는 것이다.

고객과 처음 대하는 15초는 진실의 순간이다. 만약 고객이 15분이나 바라보며 진실의 순간을 갖는다면 고객이나 서비스 종사자나 얼마나 피곤하겠는가. 고객에게 좋은 인상을 심어주는 데는 짧은 순간이 효과적이다. 단, 그 짧은 순간이 '처음'이어야 한다.

얀 칼슨은 이 진실의 순간에 고객을 사로잡으면 고객들이 계속해서 스칸디나비아항공을 이용할 것이라고 직원들에게 역설했다.

직원들이 그의 말대로 하자 그 효과는 엄청났다. 결국 스칸디나비아항공은 흑자로 돌아설 수 있었다.

진실의 순간은 비단 스칸디나비아항공에만 적용되는 게 아니다. 모든 서비스 업종에서 도입할 수 있다. 성공하기 위해서는 꼭 도입

해야만 한다.

물론 진실의 순간이 반드시 15초여야만 하는 것은 아니다. 고객과 처음 접하는 1~3초만이라도 미소를 지어보아라. 미소를 짓기 어렵다면 상냥한 목소리로 "어서 오십시오!"라고 말해보자.

✠ 인사로 말문을 트자

고객에게 친절하고 따뜻한 미소로 맞이한 다음에는 고객과 말문을 트는 일이 중요하다. 그러나 대부분의 경우, 말의 중요성을 인식하면서도 정작 말을 건네는 것에 대해서는 인색하다.

우리에게는 낯선 사람을 무척이나 경계하는 습성이 있다. 일단 상대가 나에게 말을 걸어오기 전에 내가 먼저 나서서 말을 거는 경우는 극히 드물다. 그러나 고객을 접대하는 입장에서는 먼저 말을 건네지 않으면 안 된다. 식당에 고객이 오면 "안녕하세요? 무엇을 드시겠습니까?" 하고 상냥한 목소리로 말을 건네야 한다.

호텔의 경우, 프런트를 담당하는 직원은 고객이 정문을 통과한 후 로비에 들어서는 순간 "안녕하십니까?" 하고 인사를 건넨다. 비단 로비뿐만 아니라 복도, 식당, 나이트클럽 등 어느 곳에서 고객을 만나든 먼저 인사를 한다. 물론 서비스를 최고로 하는 호텔이기 때문에 고객에게 먼저 인사를 하는 것이 당연하지 않은가 하고 반문할 수도 있다.

그런 서비스는 호텔에서만 하는 것이 아니라 고객을 만나는 곳이라면 거기가 음식점이든, 당구장이든 모두 그런 서비스를 제공해야 한다. 그 서비스의 기본은 바로 고객에게 말을 건네는 것, 즉 먼저 인사하는 것이다.

때로는 고객이 먼저 인사를 하는 경우도 있다. 사람과의 만남을 즐겁게 생각하는 사람들, 특히 외국인들의 경우 눈만 마주쳐도 "Hello!" 하고 인사를 한다.

그런 것에 비해 우리는 아직도 대부분 처음 보는 사람에게 인사를 건네는 것에 인색하다. 비단 서비스를 할 때만 형식적으로 고객에게 인사를 하려 하지 말고 생활 속에서 타인에게 먼저 말을 건네고 인사하는 습관을 들인다면 마음에서 우러나오는 서비스도 그렇게 어렵지 않을 것이다.

✽ 고객이 주문한 것이 늦어질 때

'중이 제 머리 못 깎는다'라는 속담이 있다. 맞는 말이다. 아무리 유명한 미용사라 할지라도 자신의 머리를 자르고 다듬으며 멋을 내는 데는 한계가 있다.

'너 자신을 알라'는 말은 참으로 세월이 변해도 변함없는 진리다. 이 말에는 자기 자신에 대해서는 완벽하게 아는 것이 힘들다는 뜻이 숨어 있다.

음식점 사장이나 종업원들의 경우도 스스로는 제법 서비스를 하고 대화도 잘한다고 생각하지만 정작 서비스를 받는 손님 입장에서 볼 땐 전혀 그렇지 않은 경우가 많다.

점심시간이나 저녁시간에 손님이 많이 몰려와 주문한 것이 제대로 빨리 나오지 못하였을 때 종업원이나 사장 자신도 모르게 무의식적으로 내뱉는 말에 대해서 한번 생각해보자.

"비빔밥, 누구세요?"라는 말, 아무렇지 않게 사용하는 말 한마디에 고객은 기분이 나빠질 수도 있다. 좀 더 공손하게 "늦어서 죄송합니다. 비빔밥 주문하신 손님, 어느 분이신가요?"라고 밀해보자. 같은 뜻이라도 '아' 다르고 '어' 다르다. 종업원이 미안한 마음으로 공손하게 말하는데 기분 나쁠 고객은 없다.

"조금만 기다리세요", "금방 나옵니다"라는 말은 참 많이 듣고 속아온 대사다. 고객의 재촉에 이런 말들로 일단 그 순간은 피할 수 있을지 모르겠으나 고객은 한 번 속아도 두 번은 속지 않는다. 음식이 늦게 나오면 그 자리에서 확실하게 말하고 양해를 구하는 것이 좋다.

고객과의 약속을 확실히 지키는 것이 서비스이고, 이런 서비스가 이뤄질 때 고객은 신뢰를 갖는다.

Scene 2.
서비스 커뮤니케이션의 비결

다음은 손님을 부를 때의 호칭이다. 제대로 된 호칭은 에티켓의 기본이다. 그러나 호칭을 제대로 부르는 것은 생각만큼 쉽지 않다. 자신과 상대방의 나이, 위치, 상황에 맞는 호칭을 다양하게 구사할 줄 알아야 하기 때문이다. 이름 앞뒤에 붙는 호칭은 사람의 또 다른 얼굴이다.

한 건물 안에 약국 두 곳이 나란히 붙어 있다. 그 건물에는 내과, 정형외과, 소아과 등 여러 병원이 많이 들어서 있기 때문이다.

어느 날 60대 초반으로 보이는 여성이 약국에 들어섰다. 약사는 그 여성을 향해 "할머니, 어디 편찮으세요?"라고 물었다.

그러자 그 여성은 약사를 쳐다보더니 못마땅한 표정으로 "아이고, 내가 처방전을 깜박 잊어버리고 그냥 왔네" 하고는 약국을 나서면서 혼자말로 중얼거렸다.

"할머니는 무슨 할머니야? 내 나이가 몇인데 할머니라고 불러?"

그 여성은 옆에 있는 약국으로 들어갔다. 그 여성을 본 약사는 웃는 얼굴로 반색하며 "어머님, 어디 몸이 불편하세요?"라고 물었다.

그러자 그 여성은 얼굴에 금방 웃음기가 돌면서 말했다.

"요 며칠 머리가 아파서 병원에 갔다 왔어요."

그 여성은 가방 속에 들어 있던 처방전을 끄집어내어 약제사에게 주었다.

먼저 들어갔던 약국에서 할머니라는 소리를 듣고는 벌컥 화를 냈던 그 여성은 자신이 할머니라는 사실을 좀처럼 받아들이지 못한 것이다. 아무도 없는 빈 방 한구석의 경대 앞에 앉아 하얗게 센 머리칼을 보며 살같이 흘러가버린 세월, 꽃처럼 화사했던 청춘에 남몰래 눈물짓는 사람이었을지도 모른다. 그런 사람에게 할머니라고 했으니 처음 약사는 잘하려다 되레 욕 얻어먹을 일을 한 것이었다.

이처럼 호칭 문제는 사소한 듯하면서도 실제로 우리 생활에 중요하게 작용한다. 사회생활을 하는 동안 적절한 호칭을 찾지 못해 난감했던 상황들이 어디 한두 번이었던가. 여기에서는 호칭의 기본 에티켓을 알아보자.

✤ 상대가 기분 좋을 만한 호칭을 사용하라

개인의 호칭을 기업으로 말하면 브랜드다. 상대를 만나는 순간 어떻게 부를까 고민하라.

혹시 운전 중 접촉사고가 났을 경우, 차에서 내려 상대방을 어떻게 부르는가? 대부분이 '아저씨' 혹은 '아줌마'일 것이다. 한번 '선생님'이라고 불러보자. 상대가 예의를 갖추어 사고 처리에 최선을 다할 것이다.

'아줌마', '아저씨', '그쪽', '거기 안경 끼신 분' 등의 경솔한 호칭을 삼가라. 상대를 아주 낮춰서 부르는 말이다. 또한 상대가 진급을 했는데도 이전의 직함을 부르는 것도 결례다.

✱ 가장 좋은 호칭에 정답은 없다

전국 단위로 유통되는 서비스 업종의 경우 본사에서 호칭을 일괄적으로 '고객님'으로 통일하지만 소단위 지역이나 농어촌 문화로 가면 '어르신'이라는 호칭이 더 기분 좋게 들리기도 한다. 또한 알고 지내는 분의 아내를 소개받았을 때에도 '사모님'이라는 호칭보다 경우에 따라서는 '형수님'이라는 호칭이 더 기분 좋게 들릴 수도 있다. 상황에 따라 최적의 호칭을 골라내는 것도 당신의 능력이다.

✱ 상대가 나의 호칭을 부르기 편하게 하라

상대가 나를 어떻게 불러야 할지 고민할 것 같다면 이쪽에서 정보를 주는 것도 한 방법이다.

예를 들어 보험사에 근무하는 직원들은 겸손한 나머지 가끔 고객과 통화를 할 때 자신의 이름만 밝히는 경우가 있다. 그럴 경우 고객 입장에서는 뭐라 불러야 할지 고민이다. 따라서 "안녕하세요. LP 홍길동입니다" 혹은 "팀장 김복자입니다"라고 본인의 직함을 미리 일러주는 것이 좋다.

✸ 상대와 호칭이 같을 땐 자신의 호칭을 낮춘다

예를 들어 소규모의 병원을 운영하는 원장이 종합병원 원장을 만나는 자리라면 자신을 원장이라고 소개하는 것은 상대방에게 결례가 될 수도 있다. 따라서 이름만 말하는 것이 좋다. 반대로 종합병원 원장 입장에서는 아무리 작은 병원의 원장을 만날지라도 깍듯하게 원장님이라는 호칭을 붙여주는 게 좋다. 이것이 상대의 마음을 사로잡는 호칭 테크닉이다.

✸ 호칭을 자주 사용하라

가능하다면 상대의 이름과 호칭을 많이 불러주는 것이 좋다. 단, 유의할 점은 '고객님', '손님'이라는 호칭은 너무 많이 쓰면 형식적인 느낌을 준다는 것을 염두에 두자. 예를 들어 "고객님, 주민등록번호를 여쭤보아도 되겠습니까? 고객님?" 같은 경우가 그렇다.

호칭만 잘 골라도 상대방은 내 편이 될 수 있다. '브랜드네임'을 잘못 부른다는 것은 엄청난 실수다. 그러므로 항상 호칭에 신경 써라.

Scene 3.
서비스 언어의
기본 상식

서비스 언어의 기본은 '예의'와 '친절'이다. 아무리 부드러운 목소리로 말을 하더라도 예의를 지키지 않으면 소용이 없으며, 예의를 지켰다고 하더라도 친절한 목소리로 말하지 않으면 안 된다.

✱ 전화로 대화할 때

"여보세요?"

한 고객이 식당에 전화를 걸었다.

"여보세요?"

식당 종업원의 응답이다.

"거기 ○○식당 맞지요?"

"여보세요? ○○식당 맞습니다."

두 사람의 대화를 살펴보자. 고객이 식당에 전화를 걸 때는 당연히 "여보세요?"라고 시작하게 된다. 그러나 종업원이 "여보세요?"라고 대답하는 것은 엄청난 실수다.

한마디로 이 종업원은 고객 접대 대화의 기초, 서비스의 기본 자세가 전혀 되어 있지 않은 사람이다. 음식점 종업원이 "여보세요?"라고 대꾸하면 고객은 기분이 나빠진다. '손님 전화에 재대로 응대하지 못하다니, 서비스가 엉망인 곳인가 보다'라고 생각하기 쉽다.

윗사람이 건 전화를 아랫사람이 벨이 울리자마자 받으면서 "여보세요?"라고 하면 전화 건 윗사람은 상당히 난처하다. 마치 '그래, 당신 용건이 뭐냐?'는 말처럼 들리기 때문이다.

서비스 언어의 기본은 친절한 답변이다. 그것도 상대방 즉, 고객에게 도움을 주는 답변이어야 한다.

그러면 고객이 건 전화를 받을 때 뭐라고 해야 할까?

식당이라면 "예, 감사합니다. ○○식당입니다"라고 하든가 "○○식당입니다" 정도로 해야 한다. 굳이 식당이 아니더라도 전화 받는 곳이 어디라고 밝히는 것은 기본이다.

고객이 "여보세요?" 하는데 거기에 질세라 "여보세요?"라고 해서는 안 된다.

✽ 영업장에서 고객과 잡담을 할 때

잘나가는 미용실이 되는 조건으로 헤어디자이너의 화술을 빼놓을 수 없다.

고객은 실력뿐 아니라 마음을 편안하게 하는 헤어디자이너의 인간적인 매력에 끌려 단골이 되는 경우가 많다.

프로라는 느낌을 주며 대화를 잘 이끌어가는 헤어디자이너를 보면 고객에게 필요한 전문 지식을 쉽고 자연스럽게 전달하는 능력 또한 뛰어나다.

이제 전문 지식이 없으면 아무것도 할 수 없는 시대가 왔다. 대학 졸업장이 있어도 전문 지식이 없으면 대접받지 못한다. 음식점을 경영하는 사장이나 미용실을 운영하는 헤어디자이너도 마찬가지다.

머리를 손질하는 데 전문 지식이 뭐 필요하냐고 반문하겠지만 요사이 고객의 수준이 날로 높아져 그들과 대화를 하기 위해서는 전문 지식으로 무장하지 않으면 안 된다.

서울 성북구의 한 미용실에서의 일이다.

미용사는 한 주부의 머리를 손으로 쉬지 않고 부지런히 손질하면서 말한다.

"언니, 비오는 날에 곱슬머리를 손질하려면"으로 시작해서 "자기 전에 머리를 감으신 다음에는 잘 말리고 주무셔야 해요"라고 말한다. 그리고는 잠시 쉬었다가 다시 입을 연다.

"언니, 내가 드라이어로 할 수 있는 손쉬운 세팅 방법을 가르쳐드리죠."

항상 웃음을 잃지 않고 정감 있는 목소리로 손님을 대하는 그녀로 인해서 그 미용실은 언제나 문전성시를 이루고 있다.

고객은 머리카락을 손질하는 기술은 물론이고, 헤어디자이너의 대화, 그리고 전체적인 미용실 분위기를 중요하게 생각한다.

자신이 취급하고 있는 업종의 품목에 대해서 전문 지식을 갖추어야 한다. 그래서 고객이 궁금해할 때는 언제든지 적절한 답을 해줄 수 있어야 한다. 비단 고객이 궁금해할 때뿐 아니라 먼저 다가가서 대화 중 간단한 상식 한 가지를 고객에게 알려준다면 고객은 당신이 상당한 전문 지식을 갖추고 있다고 생각할 것이며, 당신의 친절과 배려를 다시금 느끼게 될 것이다.

✽ 고객이 가장 기분 나빠하는 말

서비스하는 입장에서 볼 때 손님이 하찮은 것에 과민하게 반응을 보이는 것처럼 느껴질 수도 있다. 그러나 바꿔 생각해보면 서비스를 제공하는 입장에서는 그다지 중요하지 않은 문제일지라도 고객의 입장에서는 상당히 중요하게 느껴지는 일들이 있다.

특히 고객은 주인이나 서비스하는 사람의 말에 민감하다.

고객이 가장 기분 나빠하는 말은 무엇일까?

물론 어떤 상황인가에 따라 답이 달라지겠지만 고객이 싫어하는 말 중 1순위는 "죄송합니다. 그것은 우리 회사의 방침입니다"라고 한다. 이 말은 상황이 어떻든 간에 일단 서비스를 제공하는 입장에서는 문제를 해결할 수 있는 가장 쉬운 방법이다. 회사에서 정한 규정에 따라 일을 하기 때문에 직원은 자신으로서는 어쩔 수 없다는 것이다. 다시 말해 이제 더 이상 나에게 그 문제를 제기하지 말라는 의미다.

고객의 입장에서는 이런 말을 들으면 사장이나 그 문제를 담당하는 사람을 만나기 전에는 해결할 수 없다고 생각하게 된다.

또 고객이 기분 나빠하는 말 중 하나는 "그것은 제 업무가 아닙니다"라는 말이다. 고객은 이런 말을 들으면 '담당 부서가 어딘지 제대로 알고나 오시지. 상관이 없는 곳에 와서 물어보면 어떻게 하냐?'는 의미로 받아들인다.

종업원이든 사장이든 서비스를 제공하는 입장에서 나오는 말이 바로 서비스 상품이다. 그렇다면 이와 같은 말들은 이왕이면 고객이 듣기 좋은 말로 바꿔 해야 한다.

"죄송합니다. 회사의 방침은 그러하지만 최대한 노력해서 시정하도록 하겠습니다."

✠ 목소리도 성형을 하자

"안녕하십니까? ㅇㅇ입니다"라고 인사를 한 순간, 상대방에게 당신의 이미지는 이미 시각적 모습과 함께 바로 전달된다. 아무리 외모가 수려하고 잘생겼을지라도 목소리가 너무 낮거나 높으면 좋았던 느낌도 사라진다.

좋은 목소리는 편안한 느낌을 준다. 지치고 피곤한 음성은 대개 소극적인 사람으로 느끼게 한다. 생동감 있고 리듬감이 있는 음성은 능동적이고 밝은 사람으로 보이게 한다. 음성에 따라 쾌활한 사람인지, 피로에 지친 사람인지를 알 수 있다.

당신은 가끔 자신의 목소리를 녹음해서 들어보는가?

"스피치와 음성을 훈련시키는 데 드는 시간과 노력은 어느 것보다 보상이 따른다."

영국의 전 수상 윌리엄 글래드스턴의 말이다. 대인관계에서 목소리가 그만큼 많은 비중을 차지한다는 뜻이다. 좋은 음성은 같은 내용의 말도 명확하게 전달하고, 편안함을 주어서 다시 듣고 싶은 생각을 불러온다.

어떤 특별한 음색은 태어날 때부터 갖고 있는 사람이 있지만 대부분 생활하면서 변한다. 좋은 목소리를 갖고 있어도 관리하지 않고, 화날 때마다 소리를 빽 지르게 되면 음성이 변한다.

그러므로 훈련을 통해서 보완해야 한다. 말을 할 때 강조해야 할 부분은 더 강하게 하고, 때로는 잔잔하게, 때로는 소곤소곤, 말에 리듬을 넣어서 말하면 듣기 좋다. 꾸준히 노력하고 연습하면 좋아진다.

평상시 당신의 목소리가 상대방에게 어떻게 전달될지 신경을 써야 한다.

✱ 목소리를 통한 사람의 품성

처음 만나 대화를 몇 마디 나누다 보면 무슨 일이든 큰소리부터 뻥뻥 치는 허풍쟁이들이 많다. 물론 목소리가 큰 사람 중에는 호인도 많고 정직하다. 그런데 목소리가 큰 것과 큰소리를 치는 것과는 근본적으로 차이가 있다. 목소리가 큰 것은 부모로부터 큰 목소리를 물려받았거나 습관일 수 있다. 그러나 큰소리를 치는 것은 작의적인 성향이 강하다.

빈 깡통 소리가 요란한 법이다. 큰소리를 치는 사람과 거래할 때에는 재차 확인하지 않으면 마음이 변할 가능성이 있다. 처음 보는 자리에서 큰 소리로 말한다고 해서 자신에게 마음이 있다고 생각해서는 안 된다. 비록 현재는 마음이 있을지라도 언제 변할지 모른다.

목소리가 그릇 깨지는 듯하거나 항상 쉬어 있는 듯하여 듣기에 거슬리는 사람이 있다. 이런 사람은 인품에서 경망스러운 면이 있다. 그리고 듣기에도 호감이 가지 않을 것이다. 이런 사람들은 인격에 일단 문제가 있다고 생각하고 주의하는 것이 좋다. 목소리는 그 사람의 내면을 나타내는 것이기 때문이다. 따라서 목소리가 고운 사람은 대체로 마음씨도 곱고, 목소리가 우렁찬 사람은 패기가 있다고 봐도 무방할 것이다.

Scene 4.
서비스 성공의 조건,
관심을 기울여라

단골손님을 확보하는 일은 매출과 직접 관계되는 일인 만큼 어느 가게에나 중요하다. 누구나 한자리에서 얼마 동안 가게를 운영하다 보면 많은 단골손님이 생긴다. 잘되는 가게의 특징 중 하나가 바로 사장이나 종업원이 단골손님의 이름, 직장, 가족관계, 자녀들의 나이, 그들이 즐겨 찾는 메뉴까지 모두 기억하고 있다는 것이다.

✱ 단골손님을 만들려고 할 때

서울 성북구에 잘나가는 횟집이 하나 있다. 그 주위에는 여러 횟집이 있지만 유독 그 집만 문성성시를 이룬다.

그 집의 주인은 한 번 자신의 가게에 왔던 손님의 특징을 모두 기억한다.

한 주 전은 물론이고 한 달 전에 자신의 가게를 찾은 손님의 좋아하는 메뉴라든지 누구와 함께 왔던 것까지 기억한다.

　어느 날 오후 퇴근길에 승용차 한 대가 그 가게를 향해 오는 것을 본 횟집 사장은 종업원에게 빨리 광어 한 마리를 배달용으로 준비하라고 말했다. 그러자 종업원은 "주문도 받지 않았는데 무슨 배달 준비를 하느냐?"고 말하자 주인은 아무런 대꾸 없이 숙성시킨 광어 한 마리를 포장했다. 바로 그 순간 한 대의 승용차가 그 가게 앞에 섰다. 사장은 재빨리 문을 열면서 맞이했다.

　"어서 오세요. 박 사장님, 오랜만입니다. 아들이 휴가 왔군요. 광어 가져가실 거죠?"

　그러자 승용차에서 내리던 손님은 놀란 표정으로 물었다.

　"어떻게 알았어요?"

　"사장님이 지난번에 오셨을 때 군에 간 아들이 오늘 휴가 온다고 하셨지요. 아들이 광어를 좋아하니까 광어나 시켜주어야겠다고 말씀하신 일을 기억하고 있습니다."

　손님은 이미 보름 전에 한 말을 기억하고 있다가 미리 준비해주는 횟집 주인의 배려에 고마움을 잊지 못했다.

　그날 이후로 그 사장은 1주일에 한 번 정도는 가족과 함께 오든지 아니면 친구와 동행하여 횟집을 찾기 시작했다.

　횟집 가게 주인이 그 사장의 마음을 사로잡을 수 있었던 것은 고객에 대한 관심 때문이었다. 막 주문을 하려는데 마음을 들여다본 듯 주문하려던 회가 준비되어 있다면 꽤 기분이 좋을 것이다. 그리고 자신이 무엇을 좋아하는지에 대해 관심을 가져준 횟집 사장에게 고마운 마음도 들었을 것이다.

'손님들에게 그들이 가치 있는 존재임을 느낄 수 있도록 관심을 기울인다.'

이것이 단골손님을 확보하는 지름길이다.

고객의 이름을 외우고 그들의 구매 습관을 기억하는 것이 뭐 그리 대수냐고 반문하는 사람도 있겠지만, 그러나 이는 매우 중요하다. 메뉴가 좋아서, 목이 좋은 골목에 자리 잡고 있어서 단골이 되기도 하겠지만, 자신의 이름이나 성을 기억해주고 구매 습관에 관심을 기울여주는 것이야말로 단골을 확보하는 비결인 것이다.

고객의 얼굴을 알아보고 그들의 취향을 기억하는 것은 고객에게 한 걸음 다가갈 수 있는 기회이고, 당신과 당신의 사업에 더욱 도움을 주는 계기가 된다.

✱ 무례한 고객을 만났을 때

사업을 하다 보면 안하무인으로 행동하는 손님들을 접할 경우가 종종 있다. 이런 무례한 행동을 하는 고객을 상대로 화를 참기란 결코 쉽지 않다. 그러나 그런 부류의 사람들에게 똑같이 화를 낸다면 사업에도 결코 도움이 되지 않을 것이다. 그뿐만 아니라 당신이 뭔가 다른 사람이라는 자부심마저 상처를 입게 될 것이다. 한마디로 말해서 그런 행동은 조금도 득이 될 것이 없으며, 무엇보다 사람을 결코 얻지 못한다.

만약 당신이 무례한 고객과 똑같이 행동한다면 그 고객은 두 번 다시 당신의 가게를 찾지 않을 것이고, 비슷한 상황에서 번번이 그렇게 반응한다면 설령 당신이 옳았다고 해도 고객들은 한둘씩 발길을 돌릴 것이다.

세상이 각박해지면서 얼굴에 잔뜩 불쾌한 표정을 짓고 다니는 사람들이 많아진 듯하다. 그런 사람들을 볼 때면 무슨 좋지 않은 일이 있거니, 그저 미루어 짐작하고 그냥 가볍게 지나치려고 노력해야 한다.

당신은 다른 사람들에게 어떤 문제가 있는지 알 수 없다. 그들의 가족 중 심각한 병에 걸린 사람이 있을 수 있고, 어쩌면 자신의 일에 불만이 많아서 그럴 수도 있다. 그것도 아니라면 그날따라 지독하게 운 나쁜 일이 있었는지도 모른다.

아무리 무례한 손님이라도 프로 정신으로 무장하고 겸손한 태도로 대해야 한다. 당신이 똑같은 태도로 그들을 대한다면 고객은 즉시 그것을 알아차리고 당신의 가게에 발길을 끊을 것이다. 무례한 태도로 오히려 고객을 당황스럽게 하는데 어느 누가 그 가게에 다시 가겠는가? 당신이라면 가겠는가? 그것은 누구나 마찬가지다. 그런 경우 손님들은 당신의 경쟁업체를 찾을 것이다.

무례한 고객들을 상대할 때 급히 판단을 내리면 반드시 그 대가를 치르게 되어 있다.

고객에게 친절을 베푸는 것은 우리가 가진 행복을 나누어주는 것이다. 행복하지 못한 사람들에게 행복을 나누어주는 일만큼 보람 있는 일이 또 어디 있겠는가?

성급하게 판단하지 말고 겸손하게 행동하라. 당신이 해야 할 일은 고객과 말다툼하는 것이 아니라 상품이나 서비스를 판매하는 것이다. 자존심을 내세우지 말고 자신을 적당히 낮추는 자세를 취하라. 이런 자세로 일관하는 태도는 마음의 평온을 위해서도 그렇고 사업을 위해서도 유익하다.

✠ 계산할 때

비즈니스 환경이 급속도로 변화되고 있다. 뉴욕에서도, 베이징에서도, 도쿄에서도 어디서나 사람들은 시간이 없다고 아우성이다. 고객들은 너나없이 "빨리빨리!"를 외친다. 특히 한국에서는 '빨리빨리!'가 사람들의 의식에 깊숙이 박혀 있어서 이를 맞추지 못하면 도태되고 만다.

산더미 같이 쌓인 잡다한 일에 정신없이 돌아가는 직장 일까지 할 일이 너무 많아 "빨리빨리!"를 외치는 것은 어쩌면 당연할지도 모르겠다. 따라서 서비스를 제공하려는 사람은 그들의 이런 욕구를 고려하여 그 니즈를 최대한 만족시켜줘야 한다.

대형 쇼핑몰이나 식당에서 손님을 기다리게 하는 일이 많다. 매장에서 일하고 있는 직원이 여럿인데도 계산대에는 한두 명의 직원만 배치되어 있기에 고객들은 계산을 하기 위해서 줄을 길게 서야 한다.

아무리 쇼핑이 즐거웠고, 음식 맛이 좋았더라도 마지막 돈을 지불하는 순간에 시간이 걸린다면 기분이 언짢아지게 마련이다.

그렇다면 그 가게가 얻는 것은 무엇일까? 일 처리를 늦게 해주는 곳, 항상 기다려야 하는 곳이라는 이미지를 갖게 될 게 빤하다.

자신이 원하는 서비스를 빠른 시간에 받지 못할 때 고객은 미련 없이 떠난다. 잡담을 나누고 1, 2분 더 고객을 기다리게 하는 일이 사소해보일지 모르지만 그 일로 발길을 끊을지도 모른다는 사실을 잊지 말아야 한다.

어떤 사업이든 관건은 고객에게 무엇인가를 만족스럽게 공급하는 것이다. 위생, 조직관리, 재고정리 등도 중요하지만 그러한 일을 위하여 매일 가게를 여는 것은 아니다. 아침마다 가게를 여는 이유는 그곳을 찾는 고객에게 그들이 원하는 것을 제공하기 위해서다. 그러므로 모든 초점을 고객서비스에 맞춰야 한다.

고객의 불편을 해소하려고 노력할 때 고객 만족도는 올라갈 것이다. 고객이 원하는 것이 무엇인지 알고 있는 매장은 고객에게 좋은 인상을 주게 마련이다. 길게 늘어선 줄은 직원들이 무관심하다는 증거이고, 고객에게 부정적인 인상을 심어주는 원인이 된다.

고객에게 집중해야 한다. 고객이 가게에 문을 열고 들어설 때 미소를 짓고 진심으로 그들에게 다가서라. 고객의 욕구를 관찰하고 그것에 귀를 기울여라. 고객서비스에 최선을 다하는 열정적인 직원이 있다는 것은 고객이 줄을 서서 기다릴 필요가 없음을 의미한다.

고객서비스를 잘하는 직원은 다른 쓸데없는 일에 신경을 쓰지 않는다. 그들은 자신이 맡은 일, 오직 고객서비스에만 초점을 맞춘다.

이렇게 하면 고객들은 자연스럽게 당신의 가게에 대해 긍정적인 이미지를 갖게 될 것이고, 오래도록 찾아오는 단골손님이 될 것이다.

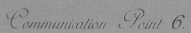

Communication Point 6.

CEO들의 남다른 대화의 기술

조직이나 기업에서 우두머리가 상대를 설득할 때에는 동일한 계통, 동일한 성격을 가지고 있다는 동류의식을 강조하면 효과적이다. 특히 CEO의 이해도와 신뢰하는 정도가 높으면 인식이 깊어지고, 공동체적인 분위기가 고양된다.

Scene 1.
공동체의식을
강조하라

　인간은 사회적 관계를 맺고 살아가기 때문에 흔히 '인간가족'이라고 말하며, 같은 집단 내에서 함께 동고동락을 하다 보니 가족 같은 분위기가 형성된 조직이나 회사가 많다.

　그러나 각계각층의 사람들이 모여 있는 공동체에서 하나같이 똑같은 생각과 똑같은 행동으로 100퍼센트 일치, 화합할 수는 없다.

　사회구조상 사람들은 어떤 시스템이나 특성으로 묶이고 분리되어 생활하게 마련이다. 이렇게 엮인 집단끼리 소통하고 서로 생각을 공유하게 되는 경우가 많다.

　조직이나 기업에서 우두머리가 되는 사람이 상대를 설득할 때에는 동일한 계통, 동일한 성격을 가지고 있다는 동류의식을 강조하면 효과적이다. 특히 머리가 되는 CEO의 이해도와 신뢰하는 정도가 높으면 우선 인식이 깊어지고, 공동체적인 분위기가 고양된다.

사람을 다루는 데에서 동류의식을 강조해 실패한 경우는 드물다. 비록 동일한 집단에 있지 않을지라도 동류의식을 심어주는 것이 성공적인 설득의 지름길이다.

이 방법은 CEO가 기업관리를 효과적으로 하는 데에도 절대적으로 효과가 있다.

대기업에서는 구성원 하나하나를 기업주와 같은 운명체 속으로 흡수하기란 사실 어렵다. 대규모 기업에서는 작은 인원을 끌고 있는 팀장이나 부장 정도가 이런 방법을 쉬이 할 수 있을 것이다.

물론 소규모 기업에서는 규모가 작은 만큼 가능하다. 직원 한 사람 한 사람을 자신의 입장과의 동화를 강조함으로써 직원의 능력을 극대화하여 기업 발전을 도모할 수 있을 것이다.

✖ 동류의식과 공동체의식을 불어넣다

소규모이긴 하지만 무역업을 하는 현명한 씨는 동류의식을 효과적으로 이용할 줄 아는 기업인이다. 그래서 동일 계통의 무역업종에서는 그의 회사를 '현 사단'이라고 부른다.

현 사장은 아침 회의 때마다 예외 없이 3분 동안 훈화를 한다. 그 시간에 직원들에게 회사의 현황을 설명한다. 현 사장 자신이 브리핑을 하는 것이다. 회의 시간에는 회사의 발전 전망과 추이를 한눈에 볼 수 있도록 일목요연하게 차트를 만들어 설명도 한다. 그렇게 함으로써 직원 모두가 동류의식과 공동체의식을 갖게 하여 회사 발전에 힘쓰도록 유도한다.

Scene 2.
상대의 말에
일단 수긍하라

사장의 직위에 의거한 권위가 아닌, 인간 대 인간으로서 상대에게 명령이나 지시를 내려야 할 경우가 있다. 이런 경우에는 우선 상대에게 의사를 바르게 전달해야 하고, 상대가 감동하도록 만들어야 한다.

상대를 동의하도록 만드는 방법으로는 논리적인 설득 방법과 심리적으로 설득하는 방법이 있다.

그리고 논리적인 방법에는 한계가 있다. 상대가 당신의 논리에 수긍하지 않거나 당신의 논리적 설득이 부족할 경우 동의를 얻기란 어렵다.

심리적인 방법으로는 먼저 상대의 심리를 읽어야 하는데, 그러기 위해서는 일단 상대의 의견에 동의해야 한다.

다시 말하면 상대의 주장이나 감정 혹은 태도나 말이 비논리적이고 도덕적 기준에 어긋난다 할지라도 일단은 전부 받아들인다. 어떤 상대라도 자신의 말에 수긍하고 높이 받아들인다고 판단하면 사장의 말에 더욱 귀를 기울이고 쉽게 동의하게 된다.

✽ 자신의 의도대로 이끌려면

상대의 의견에 동의해줌으로써 결과적으로 당신의 뜻에도 동의하게 만든다. 이것은 결과적으로 상대를 당신의 의도대로 끌어와 성공적으로 설득할 수 있다.

유능한 카운슬러는 상담자와 마주 앉았을 때 절대로 자기의 견해를 주장하지 않는다. 처음에는 상담자의 말을 경청하고 상담자의 생각에 수긍한다. 상담자가 허심탄회하게 이야기하도록 만드는 것이다.

이렇게 양자의 마음을 연결시켜놓은 카운슬러는 상담자의 말을 존중하는 인상을 주면서 결국 자신의 견해에 상담자가 수긍하도록 만든다.

사장이 직원을 다루는 방법도 카운슬러들의 방법을 사용할 때 상대로부터 원하는 것을 얻을 수 있을 것이다.

$\mathcal{S}$cene 3.
이익 보장을
약속하라

"약속을 지키는 최고의 방법은 약속을 하지 않는 것이다."

나폴레옹 1세의 말이다. 이 말은 약속이란 그만큼 지키기가 어려우므로 쉽게 약속을 하지 말아야 하며, 또 약속이라는 굴레에 얽매이지 말라는 뜻이다.

약속은 사람의 마음을 사로잡는 가장 효과적인 수단이다. 이스라엘 민족을 이집트의 노예 신분에서 해방시킨 모세는 이집트를 탈출하여 사막에서 방황하고 있는 이스라엘 백성들에게 '약속의 땅'을 부르짖었다. 먹을 것이 없어 고통받는 백성들에게 젖과 꿀이 흐르는 '약속의 땅'을 설파함으로써 백성들에게 희망을 주고 그들을 사로잡았던 것이다.

이렇듯 약속은 무서운 힘을 가지고 있다. 인간은 내일 어떤 일이 닥칠지 몰라 불안을 느끼면서 살아가는 존재다. 이런 상황에 놓인 인간에게 약속은 굉장한 힘을 발휘한다.

그런데 약속 중에 어떤 약속이 가장 위력이 있을까?

"인간을 움직이는 지렛대는 공포와 이익이다."

전쟁을 두려워하고 있는 부하들을 동원하여 전 유럽을 석권했던 나폴레옹이 한 말이다.

이익 보장의 약속이 사람의 마음을 사로잡는 필살기임을 강조한 말이다.

✤ 이익 추구는 인간의 본능적 활동이다

인간의 이익 추구는 본능적 욕망으로, 활동하고자 하는 의욕에 비례한다. 인간의 모든 활동은 이익에 지배받고, 조정되고, 좌우되는 것이다.

따라서 이렇게 인간의 모든 활동뿐만 아니라 사람의 전부와 직결되는 이익의 보장에 대해서 CEO가 약속할 때 직원들은 열성적으로 협력하고, CEO가 추진하는 모든 일에 동의하게 되는 것이다.

Scene 4.
상대의 말에 맞장구를 쳐주라

대화를 하는 데에서 가장 중요한 일은 당신의 의사를 전달하여 상대의 동의를 얻는 것이다.

하지만 그에 못지않게 중요한 것은 상대로부터 정보를 얻는 것이며, 그것이 대화의 능력이라고 할 수 있다. 따라서 대화를 할 때 상대가 계속해서 자신의 정보를 당신의 의도대로 털어놓을 수 있도록 유도해야 한다. 다시 말해 상대가 말을 잘할 수 있도록 맞장구를 쳐주어야 하는 것이다.

'뛰는 말에 채찍질을 하라'는 말처럼 상대가 자신의 속마음을 보일 수 있도록 격려하면, 격려를 받은 상대는 당신의 배려에 고취되어 자신이 하고 싶은 말을 차분히 조리 있게 잘할 것이다.

그러나 이때 당신이 염두에 두어야 할 것은 상대와 호흡을 맞추는 동류의식을 갖는 일이다. 따라서 어조도 상대와 맞추어 조절해야 하고, 언어의 질이나 내용도 상대와 융합할 만한 수준으로 맞추어야 한다.

유명한 방송 MC들은 대화 상대에 대해서 순간적으로 판단하여 그 사람의 수준에 맞는 질문과 응수를 한다. 그 출연자가 무엇을 말하고자 하는가를 재빨리 감지하여 끝말을 맞받아서 계속 말을 하도록 유도하는 것이다.

✹ 맞장구는 짧을수록 좋다

소포클레스는 맞장구에 대해서 이렇게 말했다.

"짧은 말에 더 많은 지혜가 담겨 있다."

맞장구란 한마디 말로 백 마디 이상의 효과를 얻을 수 있는 신비한 언어다. 적절한 응대는 대화를 풍부하게 이끌고, 더 나아가 인간적인 유대를 돈독하게 하고, 서로의 인격을 존중하고 있음을 느끼게 한다. 서로의 인격을 존중하고 있음을 느끼게 되면, 서로의 의식에 공감대가 형성되고 꺼리던 상대와도 허심탄회하게 대화를 할 수 있다.

법률상담소에 한 부인이 찾아왔다. 40대 초반으로 보이는 그녀는 화려하게 옷을 입고, 들고 있는 가방이나 신고 있는 구두도 모두 명품이다. 사무실을 돌아보는 그녀의 태도는 오만하기 짝이 없었다. 역시 40대로 보이는 여성 소장 앞으로 가더니 선 채로 말한다.

"소장님도 마흔이 넘으셨지요?"

그러자 소장은 재빨리 "아니, 그럼 부인도 마흔이 넘으셨단 말이에요? 어머나, 그보다 훨씬 아래로 보이는데요?" 하고 말했다.

소장의 맞장구 한마디에 그녀의 오만은 사라지고 겸손한 목소리
가 되었다.

"요즘 젊은 여성들이 뭐 많이 안다고 인생 상담을 한답시고 거만
하게 굴어서 찾기를 망설였어요."

그녀는 이렇게 말하면서 자신의 문제를 솔직하게 털어놓았다.

이처럼 상대의 끝말을 되받아치는 맞장구는 상대의 마음을 사로
잡는 좋은 대화 기술이다.

Scene 5.
신념을
되찾아주라

남에게 미움받고 싶어 하는 사람은 이 세상에 아무도 없다.

그러나 자신의 잘못으로 인해서 주위의 동료나 상사에게 미움을 받고 있다는 것을 알고 있으면서 그 현실에 빠져 고민하는 사람들이 어떤 조직에나 있게 마련이다.

그런데 더욱 안타까운 것은 이런 고민을 얼마든지 해결할 방법이 있음에도 불구하고 그것을 해결해주려는 CEO가 많지 않다는 사실이다.

이렇게 자신의 잘못으로 인해서 실의에 빠져 있는 사람들에게 신념을 되찾아준다면 지금보다 훨씬 더 나은 인적 자원으로 거듭날 수 있을 것이다.

어려운 난관에 봉착하여 불만을 느끼고 있는 사람도 마찬가지다. 난관에 봉착하면 의욕이 감퇴하고 쓸데없이 불평이 늘며 사람 자체를 싫어하게 된다. 이런 사람에게 도움을 주면 그는 확실히 새롭게 되려는 노력을 보이며 점차 발전한다.

✤ 고객의 개인 문제도 함께 고민한다

대기업에 부품을 납품하는 작은 기업으로 시작해서 지금은 1,000명 이상을 거느리는 중견기업의 사장이 있다. 그의 성공 비결은 거창한 데 있지 않다. 그저 거래 기업체 직원들이나 사장이 그에게 품질에 대해서 무슨 말을 하면 그는 고개를 끄덕이며 수긍한다. 꼬치꼬치 결점을 지적하는 사람들은 대개 심리적으로 불안한 상태라는 것을 염두에 두고 고객들의 개인적인 문제에 대해서도 조언을 아끼지 않는다.

이런 노력 덕분에 그와 관계를 맺은 고객들은 모두 그에게 친구 이상의 친밀감을 느끼게 되었고 필요한 일에 대해서도 허심탄회하게 말할 수 있는 사이가 되어 그의 사업은 날로 번창할 수 있었던 것이다.

자신의 위치가 불안하거나 주위 사람들로부터 미움을 받고 있는 사람에게 신념을 되찾게 해주는 말 한마디가 그를 다시 새로운 사람으로 변화시킨다.

Scene 6.
신념을 가지고
말하라

    인생의 성공과 실패는 때때로 순간적인 충동에 의해서 좌우된다. 지극히 순간적인 충동이 성공 혹은 실패의 계기가 되는 것이다.

    인간관계를 연구하는 학자들 중 일부는 충동을 신비한 힘이라고 말하는 사람도 있다. 충동도 역시 두뇌 활동의 일부이기 때문이다.

    충동적 의지란 곧 신념을 말하는데, 신념이란 의지나 목적을 달성시키기 위해 일순간 발현되는 충동의 산물인 것이다.

    당신이 직원이나 고객에게 호감을 받는 방법 중 하나는, 우선 당신 자신을 건실하게 보이도록 하는 것이며, 강한 신념을 가지고 있다는 것을 상대가 알도록 하는 것이다.

    신념에 가득 찬 눈빛은 상대를 압도하는 힘이 있다. 확고한 신념을 가진 상대를 대면하는 일은 기쁜 일임에는 틀림없다.

    엘바 섬을 탈출한 나폴레옹이 그의 부하들을 만났을 때 그의 눈빛은 강한 신념으로 번득이고 있었다. 이것을 본 그의 부하들은 백배 용기를 얻었다. 나폴레옹의 눈빛에서 승리할 수 있는 확신을 보았기 때문이다.

✽ 신념은 자신을 중히 여길 때 생긴다

기업이나 회사가 어려울 때 확고한 신념을 가진 CEO의 신념은 흔들리는 직원들의 사기를 북돋아준다. 신념을 신뢰하는 데에는 그 밑바탕에 강한 힘이 작용하기 때문이다.

인생에서 성공과 실패는 신념에 의해서 좌우된다. 그러므로 확고부동한 신념을 가지는 것이 무엇보다 중요하다.

신념은 자신을 중시할 때에 생긴다. 자기 자신을 중시하는 사람은 자긍심을 갖고 다른 사람의 협조와 신뢰를 이끌어낸다.

광고 제작자는 광고주의 의뢰를 받아 광고를 만든 후에 심각한 고민에 빠진다고 한다. 밤낮을 가리지 않고 힘들여 만든 광고가 광고주로부터 OK 사인을 받을지, 또한 얼마만큼의 광고 효과가 있을지 불안해한다는 것이다.

그러나 이런 경우에 막연히 불안해하는 것보다는 성공할 수 있다는 자신감을 보여주는 광고 제작사는 대부분 성공한다고 한다. 전문가가 자신감에 차 있을 때 광고주도 신뢰하기 때문이다.

얼마만큼의 타인의 호감과 도움을 얻을 수 있는가 하는 것은 당신의 신념 정도에 따라 달라진다는 것을 명심하고 직원이나 고객에게 확고한 신념을 보여주어야 한다.

$\mathcal{S}cene$ 7.
좋은 선입관을 심어주라

판단을 내리는 데 선입관이 미치는 영향은 매우 크다.

습관적인 행동은 바로 선입관에 의해서 움직이고 있다고 할 수 있다. 따라서 대화가 시작되었을 때 상대에게 선입관을 심어놓으면 상대의 판단을 빗나가게 유도하여 자신의 뜻대로 움직이게 할 수 있다.

대화에서 일단 상대에게 '좋다'라는 감정을 심어주면 당신이 어떤 불만을 털어놓아도 그는 절대적으로 '좋다'라는 반응을 유지할 것이다.

✽ 선입관으로 좌천에 대한 불만을 잠재운 카네기

카네기는 직원을 전출시키거나 좌천시킬 때 그럴듯하면서도 실권이 없는 유명무실한 자리를 주어 처리했다. 그럴 때마다 그는 항상 이렇게 말했다.

"우리 회사에서는 인사이동이 있을 때마다 항상 더 좋은 자리로 승진시키려고 한다."

실제 대부분이 그렇기도 했다. 그래서 당시 인사이동이 있을 때는 그 당사자는 부러움을 받았다.

그런데 어느 날 철강 회사의 노른자라고 할 수 있는 판매부장이 관리과로 발령받았다. 이것은 본인 자신에게 대단한 좌천이었다. 사표를 내라고 하는 것 못지않은 좌천이었다. 그럼에도 불구하고 그동안 카네기가 심어놓은 영광스러운 전례의 선입관 때문에 관리과에 곧 대단한 권한이 부여될 것이라고 모두가 믿었다. 물론 당사자도 그렇게 생각했으므로 아무런 불만이 없었다.

그런데 하루하루 기대에 부풀어 일하던 그가 사실을 제대로 안 것은 무려 3년이 지난 후였다.

이렇게 카네기의 인사이동전략은 매우 치밀했는데, 상대의 올바른 판단을 흐리게 한 그의 대화의 기술은 그보다 더 지능적이었다.

Scene 8.
성공하는 CEO의
열 가지 대화 자세

① 평등한 마음과 공감을 가지고 가정을 편견 없이 드러낸다.

성공하는 CEO는 대화를 할 때 대화에 필요한 세 가지 핵심, 즉 상대방을 평등하게 대하고, 공감을 가지고 경청하며, 가정을 편견 없이 드러낸다는 이 세 가지가 모두 있는지 확인한다. 그리고 빠진 사항이 있으면 어떻게 보충할지를 고민한다.

② 불화보다는 직원 모두의 공통 관심사에 초점을 맞춘다.

동일한 그룹에 속하지만 기업들 간의 서로의 관심사가 다를 수도 있고, 또 대화에서 드러내지 않을 수도 있다. 그러나 성공한 CEO는 대화할 때 서로 다른 관심사를 강조하기보다는 공통의 관심사를 찾으려고 노력한다.

③ 대화와 결정을 내리는 것은 구분한다.

결정을 내리기 위해서 대화를 한다. 바꿔 말해 결정을 내리기 전에 먼저 대화가 이루어진다. 이 둘 사이의 경계선은 공식입장일 수도 있고, 비공식입장일 수도 있다. 그 사이의 시간은 짧을 수도 길수도 있다. 성공한 CEO는 이 두 가지를 반드시 구분할 줄 안다. 그렇지 않으면 이 두 가지가 서로 방해될 수 있기 때문이다.

④ 공감을 표현하는 행동을 통해 대화를 시작한다.

공감을 표현하는 행동은 대화를 시작하기 전에 적대감을 없애는 핵심 조치다. 따라서 성공한 CEO는 공감을 표시하는 행동으로 대화를 시작한다.

⑤ 의견이 다른 사람에게 관대하다.

대화에서는 의견이 다른 사람이 나올 수 있다. 성공한 CEO는 이런 사람들에게 관대하다. 따라서 대화 시 자유롭게 토론을 전개할수 있다.

⑥ 적절한 시기에 감정을 표출한다.

대화 시 편안한 것만 유지하고 있다면 토론이 충분히 이루어졌다고 할 수 없다. 현재 상태에 이의를 제기한다면 격렬한 감정이 일어날 수 있다. 따라서 격렬한 감정 표출은 적절히 자제하여 조심스럽게 대화를 전개한다.

⑦ 오해를 부를 수 있는 문화적 특징을 밝혀낸다.

특히 다국적 기업의 CEO들은 각국의 문화적 차이가 있음을 인정하고, 각 문화의 특성과 인식 방법을 이해하려고 노력한다.

⑧ 불신이 대화를 방해하는 가장 큰 요소임을 안정한다.

불신은 대화를 방해하는 가장 큰 요소다. 불신이 생기면 자연스러운 대화가 이루어지지 않는다. 따라서 성공한 CEO는 불신을 제거하는 데 주력한다.

⑨ 자신만의 관심사를 강요하지 않는다.

일부 CEO들은 대화에 참석한 이사나 임원들의 관심사는 존중하지 않고 자신의 관심사만 강요한다. 그러나 성공한 CEO는 공동의 관심사에 주력하면서 상대의 관심사에도 귀를 기울인다.

⑩ 인간적인 관계를 조성한다.

성공한 CEO는 대화할 때 기업의 이윤 창출만을 목적으로 하지 않고 상대방에 다가서기 위한 소통의 기회로도 활용한다. 그리하여 인간적인 관계를 조성하는 데 힘을 기울인다.

세계 유명인사 5인의
스피치 비결

대화의 기술을 익히는 데 무엇보다 좋은 방법은 스피치의 달인들에게 배우는 것이다. 그들의 스피치 노하우를 따라 하다 보면 우리도 그들처럼 달인이 될 수 있다.

1.
스티브 잡스,
프레젠테이션의 대표적인 인물

2011년 10월에 작고한 애플의 창업자 스티브 잡스는 전기를 발명한 에디슨, 자동차 대량생산에 성공한 포드와 함께 인류의 문명에 지대한 공헌을 했다. 특히 그가 많은 사람에게 감동을 준 것은 프레젠테이션의 독보적인 능력이다. 신제품이 개발될 때마다 신제품 설명회 형식으로 이루어지는 그의 프레젠테이션은 전 세계 모든 사람들을 열광시켰다. 그는 기업의 CEO일 뿐만 아니라 기가 막힌 프레젠테이션으로 세계적인 스타가 되었다.

그럼 그의 프레젠테이션이 그토록 많은 사람에게 감동을 주게 된 이유는 무엇일까?

✱ 프레젠테이션은 거대한 퍼포먼스다

스티브 잡스는 신제품 발표 때마다 프레젠테이션을 단순한 상품 설명의 장으로 만들지 않고 하나의 거대한 퍼포먼스로 만들었다. 그 이유는 물론 제품의 기능에 대한 단순한 설명이 아니라 청중을 설득하기 위함이었다.

일반적으로 상품을 설명하는 자리는 대부분 딜러들의 차지다. 제품에 효용 가치를 따지는 만큼 냉정한 눈으로 제품을 놓고 조목조목 분석한다. 따라서 분위기는 삭막해지게 마련이다.

스티브 잡스는 그것을 알고 프레젠테이션을 단순히 상품 설명의 자리가 아닌 즐거운 콘서트로 만들었다. 요즘 우리나라에서 정치인이나 연예인들 사이에 많이 유행하고 있는 토크 콘서트처럼 말이다. 청중은 설렘으로 공연이 열리기를 기다리고 있다가 이윽고 주인공이 등장하면 마치 영화의 주인공을 만난 것처럼 환호한다. 이런 자리에서는 어떤 말을 하든지 많은 공감을 얻게 된다.

스티브 잡스는 바로 이런 방식을 택했다. 2007년 애플 맥월드 프레젠테이션을 할 때 대기시간에 청중에게 날스 바클리와 콜드 플레이 등의 노래를 들려주었다.

또한 스티브 잡스가 무대에 등장할 때도 제임스 브라운의 신나는 로큰롤이 흘러나오는 가운데 마치 록스타처럼 등장했다.

게다가 그의 프레젠테이션 PPT 자료부터 남달랐다. 생생한 시각 자료로 볼거리를 제공하였다. 그리하여 청중은 감동을 받지 않을 수 없었다.

그런 방식에서 우리가 주목해야 할 점은 화려하고 요란한 음악 속에서 보여주는 메시지는 극히 간단하고 명료하다는 점이다. 즉, 화면에는 핵심 문구 한 줄, 하나의 도형, 하나의 제품만 등장시켜 제품에 대한 명확한 인식을 유도하는 것이다.

이런 방식의 대표적인 것이 아이백(iBag)을 발표하는 화면이다. 그 화면에는 20억을 나타내는 숫자 '2,000,000,000'만 등장해 있었다. 그러고는 그의 음성이 나온다.

"지구상의 20억 명의 사람들이 매일 밤 충전하기 위해 콘센트에 플러그를 꼽습니다."

스티브 잡스는 또 PPT 화면을 프레젠테이션의 보조 자료로만 사용한다. 이야기할 때는 화면을 꺼놓고 움직이는 자신의 모습을 비추어 청중이 자신에게 집중하도록 한다.

스티브 잡스의 프레젠테이션의 특징을 한마디로 요약하면 제품에 대한 청중의 공감을 이끌어내는 것이었다.

✠ 메시지는 짧고 분명하게

보통 프레젠테이션을 할 때 발표 제품에 대해 되도록 많은 설명을 하려고 한다. 그래서 이미 많이 담겨 있는 PPT 앞에서 또다시 많은 설명을 한다. 그뿐만 아니라 유명인사들의 말까지 인용하며 장황하게 사족을 늘어놓는다. 이와 반대로 스티브 잡스는 프레젠테이션을 할 때 전하고자 하는 메시지를 짧으면서도 명확하게 한다.

스티브 잡스는 쓸데없는 군더더기의 말을 절대로 하지 않는다.

예컨대 스티브 잡스가 새로운 상품 아이백을 소개할 때 그는 긴 설명 대신 이렇게 간단하게 설명했다.

"1년 전에 우리는 제3세대 아이맥(iMac)을 출시했습니다. 그런데 1년 만에 100만 대 이상의 아이맥을 판매했다는 기쁜 소식을 알립니다."

그러고는 새로운 제품에 대한 설명으로 넘어간 것이다.

이렇게 신제품에 대한 긴 설명 대신 기존 제품의 성공 사실을 밝히며 청중으로 하여금 신제품의 호기심을 갖도록 하고 그와 함께 자신감을 보여준 것이다.

✠ 여유 있는 태도와 파격적인 옷차림

스티브 잡스는 프레젠테이션을 할 때 항상 여유 있고 자신감 넘치는 태도로 등장한다. 그런 태도로 인해서 청중은 긴장하지 않고 편안한 자세로 그의 이야기에 몰입한다. 그에게는 기업의 CEO가 흔히 가질 법한 권위의식을 그 어디에서도 찾아볼 수 없다. 캐주얼 차림으로 여유 있고, 무슨 좋은 일이 있는 듯이 미소가 가득한 얼굴로 등장한다. 목소리 역시 자상하고 친근감을 풍긴다. 그런 태도를 통해서 청중에게 신뢰를 준다.

2.
잭 웰치,
특별한 방식으로 소통하는 최고의 CEO

오늘날 미국인은 물론 전 세계인이 가장 존경하는 CEO 잭 웰치는 미국 최대 기업이자 오랜 역사를 지닌 GE를 최강의 기업으로 만든 인물이다. 잭 웰치는 탁월한 경영 능력 못지않게 그만의 특별한 소통의 리더십으로 많은 기업인은 물론 전 세계 사람들로부터 찬사와 존경의 대상이 되었다.

어린아이 시절, 그는 말더듬이로 말을 제대로 못했다고 한다. 그러나 자신감을 심어주는 그의 어머니 교육 덕분에 오늘날 세계 최대의 기업을 이끄는 유명한 기업인이 되었고, 소통의 달인이 되었다.

그의 어머니는 말을 잘 못하는 어린 잭 웰치에게 항상 "너는 말을 잘할 수 있다", "너는 반드시 훌륭한 사람이 될 것이다"라고 격려하고 자신감을 불어넣었다고 한다.

그런 어머니의 긍정적이고 적극적인 태도 덕분에 그는 말더듬이라는 장애를 극복할 수 있었던 것이다.

✖ 시각화를 적극 활용하다

잭 웰치가 거대 공룡 GE를 살리기 위한 묘책을 강구하던 1980년대의 일이다.

어느 날 그는 구내식당에서 식사 도중에 종이 냅킨에 무언가를 그리고 있었다. 그것은 세 개의 원으로 된 그림이었는데, 그것이 GE를 최강 기업으로 만든 기초가 되었다.

그 그림은 공룡화된 GE를 살리기 위한 구조조정의 방법으로, 폐쇄할 사업과 계속 유지해야 할 사업을 분류하는 과정을 단순하고 명쾌하게 나타내어 누구나 이해할 수 있도록 만든 시각화의 견본이었다.

잭 웰치는 이렇게 시각화를 통해서 구조조정의 계획을 마련하여 경영진과 주주들을 설득하여 마침내 1989년 워크아웃 프로그램을 완성하였다. 잭 웰치는 명확한 비전과 확신을 가진 워크아웃 프로그램을 직원들에게 직접 알려 이해시켜서 마침내 직원들의 동의와 지지를 얻었다.

잭웰치가 이처럼 성공하기 위해 사용한 방법이 바로 시각화를 통한 프레젠테이션이다. 그의 프레젠테이션에는 그의 연륜과 더불어 자신의 일에 대한 확신과 노하우가 녹아 있었다. 프레젠테이션을 할 때 그의 스피치는 청중에게 에너지를 전파할 만큼 강렬했다.

✱ 프레젠테이션 기술의 비결

잭 웰치 회장의 프레젠테이션에는 그만의 독특한 기술이 들어 있다. 그것을 다음과 같이 요약할 수 있다. 이것은 바로 우리가 배워야 할 커뮤니케이션의 기술이기도 하다.

첫째, 그는 프레젠테이션을 하기 전에 목적, 청중, 장소 등에 대해서 철저하게 조사, 분석하고 연구한다.

둘째, 자신의 비전과 목적을 효과적으로 전달하기 위해 시각화를 적극 활용한다. 그는 엔지니어 출신답게 논리적이고 분석적인 도형이나 통계 자료를 즐겨 이용했다.

셋째, 얼굴 표정, 손 동작, 시선 맞추기 등 보디랭귀지에서도 카리스마를 느끼게 한다. 자신감 넘치는 표정과 말투를 사용한다.

넷째, 질문을 받고 대답하는 과정에서도 자신감과 확신을 심어준다.

3.
브라이언 트레이시, 열정이 넘치는, 용기와 동기부여의 대강사

현재 생존하는 성공학의 대가 중 한 사람인 브라이언 트레이시는 세계적으로 알아주는 비즈니스 컨설턴트이자 46개국 500만 명 이상을 상대로 강연을 하는 최고의 강사다.

그는 하루 강연료가 5억 원을 넘는 슈퍼 특급강사로, 강연을 통해 많은 사람에게 열정과 비전, 그리고 동기를 부여하고 있다.

그러면 무엇이 그토록 그를 세계적인 강사로 만들었는지 알아보도록 하자.

✠ 목소리부터 남다르다

브라이언 트레이시의 강연을 듣는 사람들은 우선 그의 목소리에서 자극을 받는다고 한다. 그의 목소리에는 열정이 넘치고, 뒤에 앉

아 있는 사람들도 다 들을 수 있도록 큰 소리로 말한다.

또한 그의 강연에는 '음', '에'와 같은 쓸데없는 소리가 하나도 없으며, 비교적 빠르게 그리고 또박또박 전달한다.

그는 강연을 하면서 강조할 부분은 크게 힘을 실어 말하여 청중이 바로 이해하고 기억하도록 유도한다. 극적인 효과를 나타내기 위해 적절한 타이밍에 휴지를 사용하기도 한다.

말하는 속도와 목소리의 볼륨을 자유자재로 조절한다.

✿ 쌍방향 커뮤니케이션의 방식

브라이언 트레이시는 강연을 할 때 일방적으로 전달하는 방식이 아닌, 쌍방향 커뮤니케이션을 지향한다.

그의 강연 메시지는 대부분 자신의 경험을 바탕으로 한다. 그는 가난한 사람에서 부자가 되기까지의 과정을 소개하며 청중의 공감을 뜨겁게 이끌어낸다.

그는 경영학, 세일즈, 마케팅, 경영, 부동산 개발 등 다양한 업종을 하면서 얻은 노하우를 전한다. 그리고 무엇보다도 자신의 전문 분야인 동기부여와 자기계발을 강의할 때 더욱 힘을 내어 열정적으로 열변을 토한다.

✿ 스피치 스타일

브라이언 트레이시는 수없이 많은 강연을 하고, 수많은 청중을 대상으로 강연하기에 그만의 노하우와 스타일이 있다. 그것을 다음 몇 가지로 요약할 수 있다.

첫째, 오프닝에서 청중을 사로잡기 위해 그들의 공통된 욕구나 관심사와 문제점 등을 언급한다.

둘째, 모든 훌륭한 연사와 마찬가지로 브라이언 트레이시도 강연을 하면서 청중과 눈맞춤(eye contact)을 끊임없이 한다.

셋째, 강의 시간에 따라 핵심 주제의 양을 달리한다. 그는 보통 30분 강의에 세 가지 주제를, 한 시간 강의에는 다섯 가지 주제를 풀어놓는다.

넷째, 그는 강의를 하면서 자신이 하고자 하는 이야기의 목적을 늘 인식하고 있으며, 머릿속으로 큰 구조를 그리면서 서론, 본론, 결론으로 이어간다.

다섯째, 결론에서는 청중의 머릿속에 오래 남을 수 있는 말을 한다. 그것은 강연의 요약이기도 하고, 청중의 행동을 촉구하는 말이기도 한다.

브라이언 트레이시의 스피치는 한마디로 청중과 함께 호흡하는 것이라고 말할 수 있다. 그래서 그의 강연은 청중에게 명확히 인식되면서도 많은 여운을 남긴다.

4.
래리 킹,
편안하고 격의 없는 인터뷰의 달인

  세계 최고의 보도 채널 CNN의 간판급 방송인 래리 킹은 미국은 물론 세계가 인정하는 유명한 방송인이다. 그는 미국 텔레비전 최고의 상인 에미상을 두 차례나 탔으며, 케이블 에미상은 무려 열 차례나 수상했다. 또 '라디오 명예의 전당'에 오르는 영광을 안기도 했다.

  그는 이미 5년 전에 데뷔 50주년을 맞이한 최장수 방송인이다. 50년 동안 미국 국민들로부터 사랑을 받은 그의 스피치 비결은 무엇일까?

✽ 독특한 인터뷰방식
  래리 킹 하면 제일 먼저 떠오르는 것이 독특한 인터뷰방식이다.

그와 인터뷰한 유명인사는 무려 4만 명에 이른다. 많은 사람이 인터뷰를 마친 다음 하나같이 하는 말은 이렇다.

"격의 없고, 편안한 인터뷰였다."

그런데 실제 그의 인터뷰를 자세히 들여다보면 날카로운 질문들로 가득 차 있다. 그럼에도 불구하고 '편안한 인터뷰였다'고 이구동성으로 말하는 이유는 무엇일까?

그 비결을 다음과 같이 몇 가지로 요약할 수 있다.

첫째, 상대방을 곤란하게 만들지 않는다.

"나는 '이 친구를 이번 인터뷰에서 보내버려야 되겠어'라든가 '이 친구를 띄어줘야지' 하는 생각으로 인터뷰한 적이 한 번도 없습니다."

그가 한 말이다. 그는 비록 까다로운 질문을 하더라도 상대의 입장이 난처해지거나 아니면 일약 유명해지도록 하는 인터뷰는 절대로 하지 않는다는 것이다. 한마디로 말해 그는 사적인 감정 없이 순전히 호기심에 의거하여 질문을 한다.

많은 인터뷰에서 사회자의 사적인 감정이나 대중의 욕구에 부응해서 일부러 출연자를 궁지에 몰아넣는 일이 허다하다. 그러나 래리 킹은 한 번도 그런 인터뷰를 하지 않았다는 점에서 더욱 높이 평가받고 있다.

둘째, 예의를 지키면서 상대를 존중한다.

래리 킹은 상대가 누구든지 간에 예의를 지켜 존중한다. 비록 까다로운 종교 문제에 대해서 질문을 할 때에도 상대방에 대한 예의를 지킨다. 상대를 불쾌한 방향으로 이끌어갈 수밖에 없는 상황에서도 객관적인 관점으로, 순수한 호기심으로 질문을 한다.

이런 그의 태도는 그에 대한 신뢰를 더욱 깊게 만들었다. 어느 누구도 그를 미워하지 않고 사랑할 수 있도록 하는 밑거름이 된 것이다.

셋째, 상대를 존중하면서도 날카로운 질문을 한다.

그가 오늘날 그토록 많은 인기와 사랑을 얻을 수 있었던 것은 그의 질문이 뻔한 것이 아닌 날카로우면서 예상하지 못한 것이라는 점이다. 그는 누구나 할 수 있는 뻔한 질문은 하지 않는다. 상대의 진심을 알 수 있는 질문을 던진다.

넷째, '경청'의 대가다.

그는 날카로운 질문을 하는 만큼 상대방의 대답을 열심히 경청한다.

다섯째, 대화를 할 때 열정적으로 임한다.

그가 대학 졸업도 하지 못하고 입사했을 때 아무도 그에게 일을 주지 않았다. 오로지 열정 하나만으로 방송계에서 버틴 것이다. 그가 처음 방송국에 취직했을 때 잡역부로 일했다. 그런데 2년 만에 그에게 기회가 온 것이다. 아나운서 한 명의 자리가 빈 바람에 오늘의 래리 킹이 탄생하게 된 것이다.

그는 열정적으로 사전 준비를 한다. 인터뷰할 대상을 파악하는 일에서부터 대화할 때 사용할 단어 하나하나까지 철저하게 준비한다. 그는 질문 하나에도 열정을 담았기에 오늘의 래리 킹으로 우뚝 설 수 있었다.

5.
버락 오바마,
탁월한 스피치 능력의 대명사

　별 볼 일 없던 말라깽이 흑인 소년 버락 오바마가 미국은 물론 전 세계 그 어느 누구도 상상하지 못할 정도로 성공하여 대통령에 이르게 된 것은 누가 뭐라고 해도 화술 덕분이었다.

　오바마는 하나의 연설로 민주당 주요 인물로 급부상했으며, 백악관 안방에서 8년을 살고 뉴욕에서 4년을 지낸 정치 9단 힐러리도 가뿐히 눌렀다. 또 여전히 흑백인종 논쟁이 끊이질 않는 미국에서 전형적인 백인 노장 공화당의 존 매케인 후보를 이겼다. 이것은 오로지 그의 탁월한 스피치 능력 때문이다.

✤ 듣는 것에서부터 시작한다

〈뉴욕 타임스〉에 의하면 오바마는 참모 회의를 할 때 먼저 참모들이 이야기하도록 권장한다고 한다. 참모들이 모두 돌아가면서 제기된 문제에 대해서 의견을 제시하고 나면 비로소 자신의 의견을 말한 다음 설득한다고 한다.

듣는다는 것은 마음을 열어주는 것이다. 남의 이야기를 들어주는 것은 마음이 넓거나 여유가 있다는 의미다. 상대를 받아들이는 배려가 없으면 참으로 훌륭한 리더는 될 수 없다.

오바마의 연설의 가장 큰 특징은 철저하게 청중 중심이라는 점이다. 언제 어디서 연설을 하든지 듣는 사람의 입장을 제일 먼저 생각한다. 일례로 그는 연설을 할 때 어려운 단어를 사용하지 않는다. 청중이 듣고 쉽게 이해할 수 있는 단어를 사용하여 그들을 배려한다. 변호사 출신이라는 그의 이력을 생각해볼 때 이는 결코 쉬운 일은 아니다.

누구나 이해할 수 있는, 간결한 문장을 반복하여 사람들의 뇌리에 박히게 하는 화술, 일상적인 삶의 애환이 그대로 배어 있는 진심 어린 말의 힘이 오바마의 스피치 특색이다.

오바마 스피치의 또 다른 강점은 연설할 때 '나'라는 표현 대신 '우리'라는 표현을 사용한다는 점이다. '우리'라는 표현으로 청중의 단합을 유도하는 것이다.

✱ 청중과 시선을 맞추어 공감을 이끌어내는 뛰어난 능력

오바마 연설의 또 다른 특징은 말을 할 때 청중과 시선을 맞춘다는 점이다. 청중을 바라보는 것으로 끝나지 않고 골고루 눈을 맞춘다. 중요한 연설에서 고개를 들고 이야기하는 것조차 힘들지만, 그는 모든 청중과 시선을 맞추려고 노력한다.

그는 이렇게 청중과 시선을 맞춤으로써 청중이 딴청을 부리거나 흘려듣지 못하게 한다. 눈을 통해 진심이 느껴지도록 함으로써 팬으로 만들어버린다.

오바마 스피치의 탁월한 능력은 무엇보다 청중의 공감을 이끌어내는 것이라고 할 수 있다.

연설자가 아무리 쉬운 말을 하고, 청중과 시선을 맞추려고 노력할지라도 청중의 공감을 얻지 못하면 아무 소용이 없다. 더욱이 인종, 지역, 계층이 다양한 미국 사회에서 공감을 끌어내기란 보통 어려운 것이 아니다. 그들 모두 이해와 관심과 원하는 목적이 다르기 때문이다. 그러나 오바마는 '아메리칸 드림'이라는 목표를 제시하여 다양한 인종과 계층으로부터 공감을 얻는 데 성공했다.

우리가 배워야 할 오바마 화법의 특색을 몇 가지로 요약하면 다음과 같다.

첫째, 오바마는 미국 국민이라면 누구나 이해할 수 있는 쉽고도 간결한 말을 리듬감 있게 여러 번 반복한다.

둘째, 가식 없이 솔직하고 진솔하게 자신의 이야기를 한다.

셋째, 누구나 공감할 수 있는 소재와 이야기를 한다.

오바마의 스피치 기술은 정치인, 교사, 학생 특히 세일즈맨이나 기업 CEO가 반드시 배워야 할 화술이다.

✠ 참고 문헌

『사람을 움직이는 대화의 기술』, 조 지라드 지음, 김용환 옮김, 버들미디어

『서비스 천재가 되는 기적의 대화법』, 안미현 지음, 다산북스

『영업성공률 200% 올리는 세일즈 마케팅 비밀』, 김동범 지음, 중앙경제평론사

『1% 비즈니스 리더를 위한 고품격 대화법 55』, 안미현 지음, 다산북스

『고객을 설득하는 대화 기술』, 사토 마사히로 지음, 황소연 옮김, 토네이도

『장사 뭐니뭐니해도 서비스다』, 김근종 지음, 중앙경제평론사

『적을 만들지 않는 대화법』, 샘 혼 지음, 이상원 옮김, 갈매나무

『청춘내공』, 김용섭 지음, 한스미디어

『보이지 않게 사람을 움직이는 CEO의 대화법』, 대니얼 얀켈로비치 지음, 이시현 옮김, 21세기북스

『사람을 끌어당기는 공감 스피치』, 이서영 지음, 원앤원북스